我的生涯手册

WODE SHENGYA SHOUCE

吴芝仪◎著

经济日报出版社

图书在版编目（CIP）数据

我的生涯手册 / 吴芝仪著. -- 北京 : 经济日报出版社, 2021.11（2025.7重印）
ISBN 978-7-5196-0854-5

Ⅰ. ①我… Ⅱ. ①吴… Ⅲ. ①职业-应用心理学
Ⅳ. ①C913.2

中国版本图书馆CIP数据核字(2021)第222753号

本书经由台湾涛石文化事业有限公司独家授权，限在中国大陆地区出版发行
原著书名：生涯探索与规划——我的生涯手册
作者：吴芝仪
出版日期：台湾涛石文化事业有限公司 2000.11/首版
北京市外版书版权登记号：01-2007-5751

我的生涯手册
WODE SHENGYA SHOUCE
吴芝仪　著

出版发行：经济日报出版社
地　　址：北京市西城区白纸坊东街 2 号院 6 号楼
邮　　编：100054
经　　销：全国各地新华书店
印　　刷：文畅阁印刷有限公司
开　　本：710mm×1000mm　1/16
印　　张：19.25
字　　数：185 千字
版　　次：2021 年 12 月第 1 版
印　　次：2025 年 7 月第 3 次
定　　价：42.00 元

本社网址：www.edpbook.com.cn，微信公众号：经济日报出版社

自 序

“生命究竟有没有意义并非我的责任，怎样安排此生却是我的责任。”

——赫曼·赫赛

《庄子·逍遥游》中最脍炙人口的故事，大概就属大鹏与小雀的对话了。大鹏的故乡在辽阔的北海，本尊是硕大无朋的“鲲”，化身为鹏之后，双翅奋力搏击能在水面激起三千里的波涛，顺风盘旋、展翅高飞则如遮天的云彩，能奔向九万里的高空，往南海而去。然而，一旦缺乏风势的助力，大鹏的双翅也没有了用武之地。地面上的小雀和斑鸠忍不住讥笑大鹏：“我们跳跃着就飞了起来，想飞就飞，碰到树枝就停下来歇息，虽然飞不高，但也自由自在。何必要辛辛苦苦冲向九万里的高空到南海去呢？”

大鹏和小雀，谁才是真的“逍遥游”？恐怕是个见仁见智的问题。大鹏有大鹏的使命，小雀有小雀的自在。顺应着自己的本性，将自己的潜能发挥到极致，拥有自己的目标，欣赏自己的生活方式，不妄自菲薄，不怨天尤人，人生就有更充分的机会可以自在逍遥，自我实现。所以，赫曼·赫赛说：“一个人生活的目标不应该以世俗的成就为标准，而应该在生活与行为上把自我实现到极致。”

在人群中生活的我们经常为了和别人比较，而忘却了自己真正的理想和目标；或者为了不辜负别人的期待，而勉强压抑自己深层的憧憬和愿望。即使我们在社会上获得了伟大的成就，聪明才智足以令千万人折服，然而肩头担负的压力越是沉重，越需要为了让大多数人满意而隐藏自己真实的感受，越是无法做回真正的自己。

我们总是期待向艰难挑战，从而获取高度的成就感，成就感的满足会带来快乐的感觉，对自己感到满意。然而，当成就不是为了让自己快乐，而是为了让别人满意时，成就与快乐的天平将会严重失衡，最终迷失了自己。不可否认每个人都有他的生活哲学。对相同的一件事，当思考的观点不同，看重的层面有别，即会衍生南辕北辙的生活态度。

据传在一幅中国名画中，画着三位中国哲学大师围绕着一坛醋，每个人都正将蘸着醋的手指头从口中移出。观画者正好可以看到他们在品尝同一坛醋之后，凝住在脸上的表情：一个充满酸味，一个苦涩溢于言表，一个则笑容满面。画中那一坛醋代表人类生活的本质，大师的表情则反映了他们的人生哲学。对于那位感受到酸味的大师，生活总是无法与自然取得和谐，人类社会因此需要许多礼节规约，以防止人们误入歧途。而那位苦涩溢于言表的大师相信世界充满苦难、折磨，唯有禁绝一切物欲，始能避免灾祸。最后，笑容满面的大师相信大千世界皆是可以从中学习的自然导师，故与自然事件和谐共存，自然是愉快的。

据说，在人类生活本质的试炼中，品尝到酸味的大师是孔子，品尝到苦涩的大师是释迦牟尼，感觉到香甜的大师则是老子。三位大师反映了影响中华文化至为深远的儒、佛、道三家思想。姑且不论该幅名画的真实性，但不同的思想、观点会让我们对人生抱有不同的态度，是不争的事实。

因此，面对这一生长远的发展历程，我们如何看待自己、他人和人生，决定了我们的生命主题和生涯发展方向。由于工作占据人类生活的绝大部分，我们不可避免地透过工作来掌握生活，也透过工作中的表现来寻求个人的意义和价值，并在工作中致力于达成自我的实现。工作的选择和发展即成为生涯发展历程中至关重要的议题，亟须深入而广泛的探索，理清目标和方向，发展出循序渐进的行动计划，以促进各方面的良好准备，应对工作中的挑战，达成最佳的生涯发展与充分的自我实现。

本书涵盖了自我探索、工作世界探索、家庭期待与沟通、生涯选择与决定、生涯愿景与规划、生涯准备与行动等与个人生涯发展息息相关的重要议题，旨在借由循序渐进的个别或团体活动，辅助青少年或大学生的自我学习；亦可运用于生涯辅导课程、生涯探索团体或生涯规划工作当中，作为辅助学生进行生涯探索与规划的学习教材。

本书的孕育与完成应感谢台湾师范大学教育心理与辅导学系金树

人教授长期以来的细心指导，以及土库商工辅导室刘惠举老师在活动设计上的协助。期待本书的付梓可传承台湾生涯辅导与咨询领域前辈学者的专业经验，为青少年的生涯发展开创新的契机！

吴芝仪

谨志于台湾中正大学

目 录

3
CHAPTER
性格决定命运 / 37

4
CHAPTER
兴趣是最好的老师 / 51

5
CHAPTER
职业技能测试 / 71

6
CHAPTER
我的价值观 /85

7
CHAPTER
树立自己的风格 / 101

8
CHAPTER
自信是成功的基石 / 115

9
CHAPTER
我的成长环境 / 135

10
CHAPTER
家庭期望值 / 149

11
CHAPTER
理性选择　果断决定 /163

12
CHAPTER
理想 VS 规划 /181

13
CHAPTER

引子：你的梦想是什么？

当你很小的时候，你梦想过未来吧？你一定写过无数次“我的志愿”，你还记得你的梦想吗，是老师，科学家，律师，医生，还是护士？

或者，你还记得你绞尽脑汁也想象不出未来的模样？或者，在你小小的志愿里，有着许多“不辜负父母的期望”“贡献社会、报效国家”的宏大抱负？

或者在你还分不清想象与现实的稚嫩年代，你像很多小朋友一样幻想过将来要当纯真、美丽的白雪公主，或是无所不能的小叮当。在你稍大一些，恍然明白童话或漫画中的人物并不存在于现实世界，你虽仍不愿意放弃幼时的想象，却不得不做些细微的修正。这时，你也许梦想过有一天会成为光彩夺目的影视红星，或是神乎其神的魔术大师。逐渐地，你越来越了解到那些电视剧里出现的人物，其实距离我们的生活遥不可及，于是，你不得不正视眼前的现实，将“我的志愿”设定在生活中你曾经接触、还算崇拜的人物，可能是老师，也很可能是医生或护士，或者是你的父母、亲友公认的“好职业”。

现在的你对未来的梦想也许又和以前不同了。经过几次考验的洗礼，你选择，你也被选择。你可能幸运地选择了你喜欢的专业，正一步一个脚印地朝着梦想的方向前进，梦想也逐渐落实，成为可以实践的“理想”。然而，你也可能意外地被陌生的专业选择，正感到茫然失措、惶惶惑惑，不知道如何重新让颓废的梦想再起高楼。你也可能好不容易完成了儿时的第一个“志愿”——进入了理想的学府、理想的专业，却蓦然发现专业中所学的知识激荡不起你焚膏继晷的热情；于是，你徘徊在自己的理想和社会的期许之间，不知如何是好。

从现在起，你必须更诚实地面对自己。趁着青春年少，为自己投资一些时间，仔细思索在这人世间数十年的生涯历程之中——

你究竟“要”什么？

你“是”什么样的人？

你“拥有”什么资产？

你“期望”成为什么样的人？

为了成为你所期望的自己，你需要“充实”些什么或“付出”些什么？

你要如何做，才能成就你自己？

如何才能不白费了这一程人生的历练？

如何才能在回顾时，对自己的生涯历程感到满意？

回答这些与你的生涯发展息息相关的问题，需要深度的“生涯探索”和长期的“生涯规划”。

生涯探索的主要目的在于发现你自己，了解你所处的世界。生涯规划的主要目的在于通过各项技能的学习，以掌握自己的现在和未来，臻于“无人而不自得”的境地。

例如，大学生必须了解自身的能力是否能经由学习的过程而不断地提升；学习培养其他的兴趣、发展其他可能的选择，并做出有效的决定；学习如何分辨个人的需求或重视他人的需求，并将之整合于对生涯和生活的计划之中；学习如何适当地修正原先的生涯规划，以配合自身和环境的变化。因此，生涯探索和规划必须是有弹性的、务实的，以创造充实而满意的生活。

我们总是在生活中寻求成就感和满足感，然而随着我们本身的改变和经验的累积，成就感和满足感的来源和程度均会发生变化。另一方面，由于外在环境、经济条件的改变及科技的进步，使得未来愈发变得遥不可测，增加了生涯发展的不确定性。

因此，充实人生的追寻是我们在工作和生活中必须面对的持续性挑战。当我们经历了人生各个阶段时，我们必须重新设定生涯目标，从许多可能达成目标的方案中做选择，做出可以投注心力和时间去达成的决定。对许多人而言，人生无法预期的意外和变化充满了不确定感和威胁，以致常因无法掌握这些人生“必然”的变数而随波逐流。

然而，通过生涯规划，我们亦能学习到如何因这些可能发生的变局，不断调整自己、修正可执行的计划，为自己的每一个人生阶段创造最大的成就感和满足感。

因此，生涯探索和规划的主要目的即在于给你提供一项有效的方法或工具，让你有能力在不同发展阶段对自己的现在、过去和未来有一个重新审视、评估的机会，为自己规划一个璀璨、亮丽的人生。

当年华老去、容颜枯槁，留驻心中的是生命中最美丽、灿烂的彩虹！

我虽不能决定生命的长度，但可以控制它的宽度。

我虽不能左右天气，但可以改变心情。

我虽不能改变容貌，但可以绽开笑容。

我虽不能控制他人，但可以掌握自己。

我虽不能预知明天，但可以利用今天。

我虽不能样样胜利，但可以事事尽力。

有规划的人生才是精彩的人生

在你心目中，什么是“生涯”，什么是“生涯规划”？请分别写下你对“生涯”和“生涯规划”的联想，然后和你的朋友或同学们分享你的想法。

有人说：

“生涯像一座无穷尽的宝库，越是深藏不露的，越是无价之宝。唯有深入挖掘，破除迷障，历尽千辛万苦，才能获得至高无上的人生真经。”

有人说：

“生涯像攀爬一座陡峭险峻的高山，起点在山脚下的最低处。峰顶的奇妙、壮丽虽然仰望不见，却始终在心中牵引着向上的坚强意志。路途中处处潜藏着危机险阻，必须手脚并用，才能披荆斩棘；必须克服无数难关，才能登峰造极。”

有人说：

“生涯像是一列驶向不知名终点的火车。每一个停靠站都有起有落，也许是大城、也许是小镇，安步当车总能看遍人间风景，匆匆忙忙则无暇玩味人生。每一次停驻都是一个新的起点。若能不必挂虑列车抵达终点的时间，过程中玩赏的风景可以更多彩多姿，玩赏的心情也将更闲适自在。”

有人说：

“生涯像大海中一艘扬起风帆的船只。顺风时轻快昂扬，逆风时奋力向上，坚定地驶向海的对岸那个被称为‘家’的地方，一个可以让船只歇息的避风港。”

有人说：

“生涯像一幅太极图，有阴有阳。人有悲欢离合，月有阴晴圆缺，人生的得失成败、高低起伏，不过是圆融智慧必经的修炼。”

结束了今天的最后一堂课之后，你打算去哪里？也许是宿舍，也许是餐厅，也许是图书馆，也许是和朋友相约的地方，也许……你可能会去不同地方，让你从这里起身之后，脚步能有跨出去的方向。你可能无法预测路途中会遇见久违的朋友或其他，于是必须要改变原定的计划，展开另一段意外的旅程。然而，在遭遇意外之前，你仍有着坚定的前进方向，你不会因为路途中的意料之外，而不去你要去的地方。

倘若你不知道要往何处去，你会怎么办呢？可能你会暂时呆坐原地，不知所措，直到天色晦暗、日落西山。更可能你会因为不敢独自停留而盲目地跟随着其他人的脚步前进，直到绕了一大圈才发现，那并不是你要去的地方。如果你还年轻，可以一切重新来过。或者，你已青春不再，只好无奈地将就现有的安排妥当，虽然那并不是你心中的梦想。

生涯规划就是找到引领自己坚定前进的方向。为了找到脚步能够跨出去的方向，你必须先确定自己现在的状况。也许你需要准备考试，图书馆可能会是个好地方。也许你需要填饱肚子，那就去餐厅。也许你累了一整天，只需要一个可以轻松歇息的地方，那就回家吧。如果你最终是要“回家”的，但是你发现天色还早、心情正好，你会怎么办呢？如果你选择一条笔直的路，很快地回家，你只能百般无聊地看电视，那么就闲适地绕道书店逛逛，或者邀约三两知心好友一起喝咖啡，聊聊彼此的近况。

只要你离开人潮汹涌的大街，拐进清静幽僻的小巷，你会偶然发现平日不曾遇见的风景，让枯燥的生活平添一些惊喜和趣味。生涯规划更须为自己创造机会，欣赏人生的多样面貌。

根据规划储备知识

“工作”是什么，“职业”是什么，“生涯”又是什么，是一连串令许多人感到困惑的问题。归纳多位生涯学者的观点，让我们试图来回答这个问题：

• 工作（work）：工作是指体能或心智上的努力，以产生某事或结果。工作占人类生活的绝大部分，人类通过工作以掌握生活。可能获得经济上的报酬，也可能没有报酬，如学校工作（schoolwork）、家庭作业（homework）、家务劳作（housework）、志愿者服务（voluntary work）等。

• 工作（job）：工作是指在一个组织机构中，一群类似的、有薪资的职位（positions），涵盖为维持机构运作所必须执行的一群任务（tasks）。不同职位的工作者在执行任务之后，会获得预期的经济报酬，如农务（农会干事）、建筑（工地主任）、贸易（业务经理）、教育（人员）、医护（人员）、公务（人员）等。

• 职业（occupation）：职业是指在许多工商事业或机构中的一群类似的工作（jobs）。职业在经济社会的历史上早已存在，与个人无关。例如，农、工、商、教育、医护、法律、会计等。

• 事业（enterprise）：在华人社会的文化中，事业指值得个人投注一生心力，以获得最大实现可能性的生涯目标。在一个事业体中，通常包含较广泛的职业范畴，如教育事业、慈善事业、医疗事业、科技事业、文化事业等。

那么，“生涯（career）”呢？是生活在这繁华世间的每一个人的“我的这一生”吧？从蹒跚学步到步履维艰，从年幼无知到洞悉天命，最多数十年寒暑的一生。

每个人在这一生中都不断扮演着各式各样的“角色”，每一个角色各有其特定的任务。年幼时，我们是父母的子女，要学语、学步，要听话、乖巧、不逾越规矩。年龄稍长，进入群体生活的学校，我们是师长的学生，要学文、学数、学做人的道理。年龄再长，离开学校，我们进入社会的各行各业，拥有了代表自己职业角色的工作者身份，更要尽忠职守，为公司、组织创造最大的经济利益，为自己带来高度的成就感和满足感。然后，在我们扮演工作者角色的同时，我们会接续成为另一半的配偶，生儿育女之后成为父母，为社会事务贡献心力，成为善良的公民，享受优质休闲娱乐的休闲者。最后，当年华老去，我们逐渐从工作岗位上退休，如果退休者的心力仍在，还能担任公益团体的义工，点燃生命最后的余光，照亮弱势者的旅程。

每个人如何在这一生中扮演不同角色并发挥各个角色的功能，是他如何“成为自己”的历程，表现出他个人独特的风格。

所以，生涯发展大师舒伯曾将“生涯”定义为：

> 生涯是生活中各种事件的演进方向与历程，统合了个人一生中各种职业与生活的角色，由此表现出个人独特的自我发展组型。生涯是人生自青春期以迄退休之后，一连串有酬或无酬职位的综合，除了职位之外，还包括任何和工作有关的角色，如副业、家庭和公民的角色等。

于是，“生涯”不仅止于“工作”或“职业”，还包含了个人的“生活风格”（life style）与个人在一生中从事的所有活动。舒伯曾描绘出一个“生涯彩虹图”（见图 1），展现了人生各个发展阶段和扮演的主要角色。

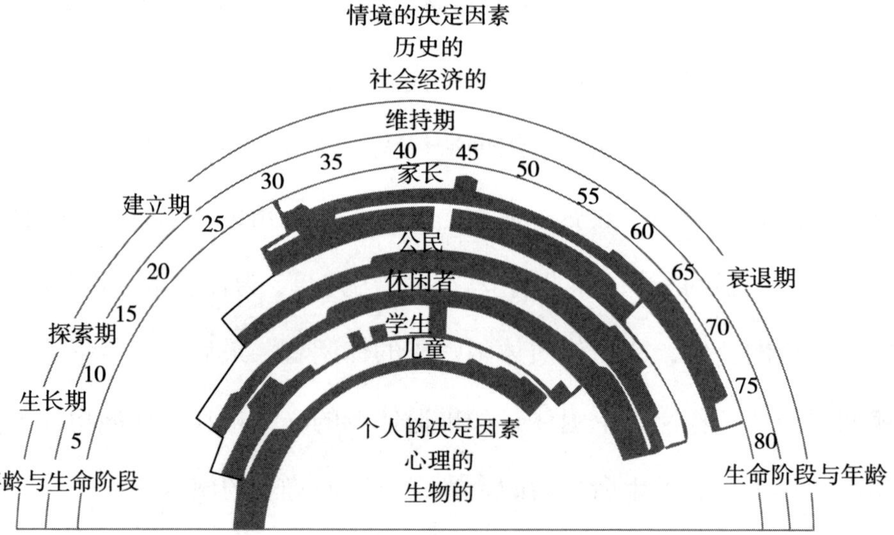

图 1　生涯彩虹图

在“生涯彩虹图”中，第一个层面代表横跨一生的“生活广度”，又称为“大周期”，包括生涯发展的主要阶段（见图 2）——成长期、探索期、建立期、维持期、隐退期。第二个层面代表纵贯上下的“生活空间”，由一组角色和职位组成，包括儿童、学生、休闲者、公民、工作者、家庭照顾者等主要角色。

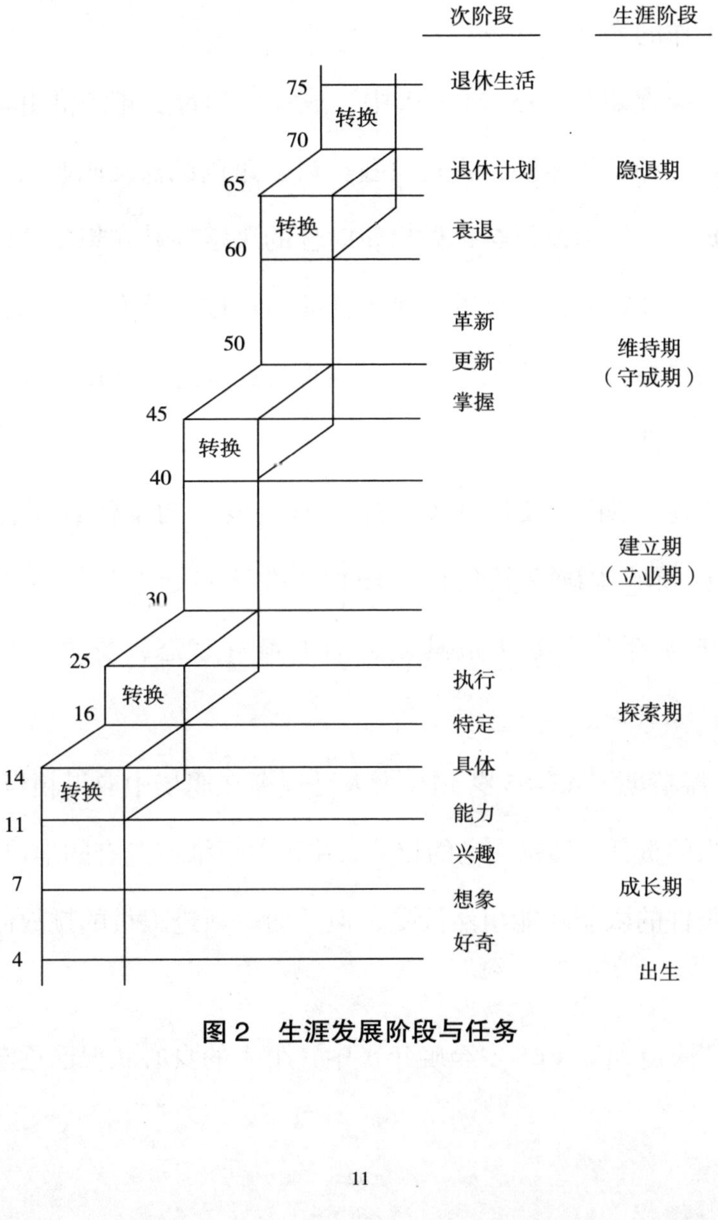

图 2　生涯发展阶段与任务

在“成长期”（1~14岁）中，儿童经由家庭或学校的认同而发展自我概念，需求与幻想是这一时期最主要的特质。随着年龄的增长，社会参与及现实考验逐渐增加，兴趣与能力逐渐显得重要。这个时期的主要生涯发展任务在于发展自我形象，以及发展对工作的正确态度，并了解工作的意义。

在“探索期”（15~24岁）中，成长中的青少年需借由学校、休闲活动及各种工作经验，进行自我检讨、角色试探及职业探索，考虑需要、兴趣、能力及机会，做出暂时性的决定，并在想象、讨论、课业及工作中加以尝试。接着，进入就业市场或接受专业训练，企图将一般性的选择转为特定的选择，以实现自我概念，并试验其成为长期职业的可能性。

在“建立期”（25~44岁）中，发展成熟的工作者需在某一适当的职业领域中确立其角色和职位，并逐步建立稳固的地位。这个时期的大部分人处于最具创造力的巅峰状态，身负重任、表现优良。

在“维持期”（45~65岁）中，个人已逐渐在职场中取得相当的地位，担负相当的责任，具有一定的权威，并致力于维持既有的地位与成就。对自身条件的限制较能坦然接受，但须面对新进人员的挑战而兢兢业业。

在“隐退期”（65岁至晚年）中，个人的身心状况已逐渐衰退，必须从原有工作退休，开拓新的生活，发展新的角色。有更多时间从事休闲活动或完成一直想做而未做的事，可能从事义务或志愿服务工作，淡泊名利、与世无争。

由于在人们的生涯历程中，“工作”占据了相当漫长的时光，许多心理学家认为“工作”是人生的重要核心，能达成多重的目的。生涯学者赫尔和克莱姆将工作可能达成的目的，归纳为经济的、社会的和心理的层面（见表 1）。

表 1　工作可能达成的三个目的

经济的	社会的	心理的
物质需求的满足 体能资产的获得 对未来发展的安全感 可用于投资或延宕满足感的流动资产 购买休闲和自由时间的资产 购买货品和服务 成功的证据	一个和人们会面的地方 潜在的友谊 人群关系 工作者和其家庭的社会地位 受他人重视的感觉 责任感 受他人需要的感觉	自我肯定 角色认定 秩序感 可信赖感 主控或胜任 自我效能感 投入感 个人评价

工作所能达成的目的相当程度反映了心理学家马斯洛的需求层次理论（见图 3），即生存需求、安全需求、爱与归属需求、尊重或肯定需求及自我实现需求。经济层面的工作目的直接满足个人的生存和安全需

求。社会层面的工作目的满足的是个人对他人的关爱、肯定和团体归属感的期待，达成与否的程度取决于他人的评价。心理层面的工作目的是达成个人的自我肯定和自我实现，超脱了经济"利"益和社会"名"望，只为了让自己对自己这个人、这一生感到满意，只为了"自在快乐""此生无憾"！

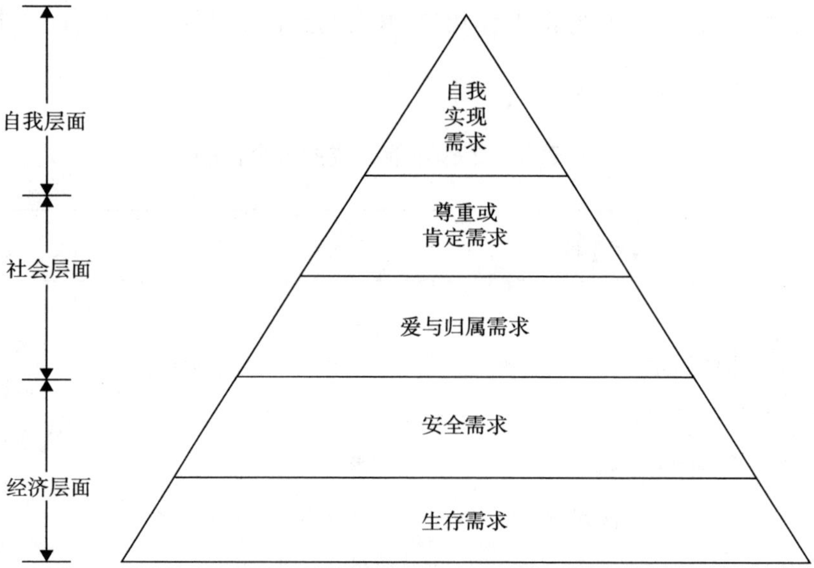

图 3 Maslow 心理需求层次理论示意图

这么说来，工作的最终目的是自我实现，因此，为自己创造一个能充分自我实现的生涯历程，即是这一生最重要的发展任务。而一个能充分自我实现的生涯历程起始于我们对自己在周遭环境中的"定位"——即心理学家埃里克森所谓的"自我同一性"（ego-identity）。

埃里克森将人一生的心理社会发展分为八个阶段，各有其主要的发展任务和危机。其中，青少年阶段的主要发展任务是“自我同一性”，其危机则是“认定混淆”。埃里克森认为，具有自我认定感的人会发展出稳定的自我概念，有明确的生活目标，较少受同侪压力的影响，接纳自己，能毫不犹豫地做决定，且具有责任感。然而，由于青少年时期是儿童期与成年期之间的转换阶段，青少年的生理状态与社会环境都在发生变化，与父母分离并成为独立的个体，性别角色认定的矛盾与冲突亦迅速膨胀。于是各种来自父母、学校、同侪团体、异性或社会的压力接踵而至，且常互相矛盾、冲突，使得青少年很难得到稳定的自我认定感，导致自我认定的困惑和混淆，容易迷失了人生的方向。为了建立明确的“自我认定”，青少年时期的我们必须不断探索两个重要的问题：“我是谁”和“我在哪里”。亦即，“我是一个什么样的人”“我处在什么样的环境”“我能在这里做些什么”，或是“像我这样的人如何在这个环境中发挥作用”。

“我是谁”的问题涉及“生理我”“心理我”“情绪我”“社会我”等各个层面，包括兴趣、能力、价值、人格特质等重要内涵。“我在哪里”的问题涉及个人所处的社会环境、文化群体、工作世界等。因此，青少年进行生涯探索的起点即“自我探索”和“环境探索”，以达成一个“资讯统合的生涯选择”（见图4）。

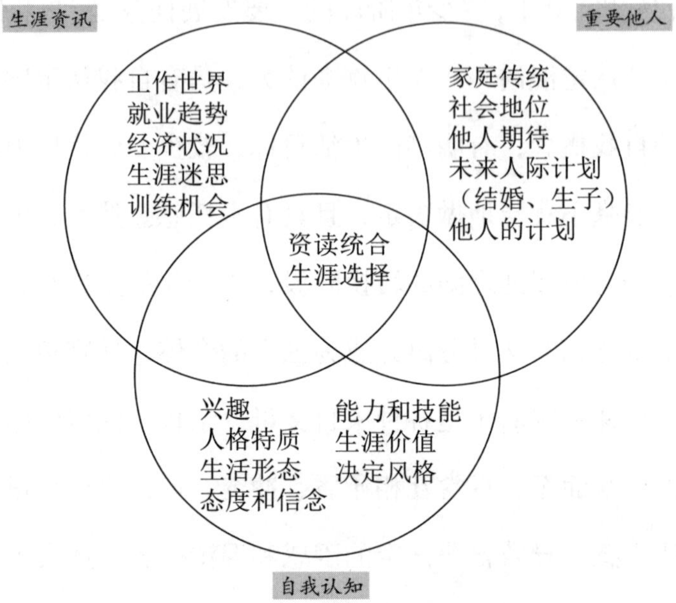

图 4　资讯统合的生涯选择

然而，人的一生，随着经验、事件的推陈出新，我们也不断地发展和变化，现在的自己迥异于过去的自己，明日的自己将或多或少地不同于今日的自己。奠基于自我探索和环境探索的成果，我们还需放眼未来——“我往何处去”“我如何到达”。“我往何处去”的问题探索的是能提升自我肯定和达成自我实现的生涯目标，引领自己的生涯发展方向。“我如何到达”的问题思考的是如何为自己铺一条道路、搭一座桥梁，通向自己要去的地方，也就是规划具体的行动方案或系列步骤，以逐步达成理想生涯目标。

本书的主旨在引领读者探寻“我是谁”“我在哪里”“我往何处

去”“我如何到达”等问题的答案。这些答案可能在不同时期会发生变化，无须符合既定的标准，也没有绝对的真理。因此，生涯发展既是一个不断自我实现的历程，亦是一个自我追寻的旅程。

《我的生涯手册》的主要结构

一、自我知识：个人的兴趣、能力、人格特质、生涯价值、生活形态、决定风格、生涯信念等。

二、生涯资讯：工作世界、就业趋势、经济状况、训练机会。

三、家庭期待与沟通：家族职业、家庭价值观、家人期待、家庭沟通等。

四、生涯选择与决定：选择历程、决定方法、理想生涯。

五、生涯愿景与规划：生涯愿景、生涯目标、生涯规划。

六、生涯准备与行动：求职方法、撰写履历自传、面试技巧、开展职业生涯。

我的志愿

罗大佑

很小的时候，爸爸曾经问我

你长大后要做什么？

我一手拿着玩具，一手拿着糖果

我长大后要做总统

六年级的时候，老师也曾问我
你长大后要做什么？
爱迪生的故事最让我佩服
我长大后要做科学家

慢慢慢慢长大以后
认识的人愈来愈多
慢慢慢慢我才知道
总统只能有一个
慢慢慢慢我才知道
科学家也不太多

中学的时候作文的题目
你的志愿是什么？
耳边又响起母亲的叮咛
医生律师都不错

大学联考的时候作文题目
我的志愿是什么？

回想报名时候心里毫无选择

志愿填了一百多

慢慢慢慢长大以后

认识的人愈来愈多

慢慢慢慢我才知道

每个人都差不多

慢慢慢慢我才知道

我的志愿

没有烦恼没有忧愁

唱出我心里的歌

告诉我的孩子每个人都要

平平静静地生活

慢慢慢慢长大以后

认识的人愈来愈多

慢慢慢慢你会知道

每个人都差不多

慢慢慢慢你会知道

人生就是这么过

1

发现自己的可塑性

描述展示自己

学会自我推销

青春记事板

“你是一个什么样的人”“你喜欢什么”“你擅长做些什么”可能是你在许多社团或联谊活动中回答过无数次的问题。也许你的答案每次都会增加一些或减少一些，也许你的答案每次都不相同，也许你直到现在还不知道如何回答这些连你自己也找不到答案的问题。

但是，这些问题都和人生中最需要思索的课题“我是谁 ”息息相关。心理学家 Erikson 强调青少年阶段的主要发展任务在于“自我认定”的完成，也就是在自身所处的社会环境中确定自己扮演的角色与定位——知道自己是什么样的人，处在什么样的位置上，能够做什么，可以和环境与他人建立什么样的关系，未来还可以扮演什么角色。这些问题也许从青春期开始就困扰着你，期盼有一天会有一位智者或天使为你指点迷津、解答你的困惑，就像“苏菲的故事”中的苏菲，偶然接到一封信，引领着她展开自我追寻的旅程……

然而，每个人都是多面向的，每个人都有不同的形状和颜色。你可能身材高大、体格魁梧，但并不爱打篮球，喜欢舞文弄墨，且擅长精密的电脑科技。你也可能娇小玲珑，但为人古道热肠，经常积极主动为朋友排忧解难。你必须花一些时间向心中的“秘密花园”探寻，才能将散落在花园各处的自我拼图搜集齐全，还原一个拥有多元面向但完整的自己，包括你的兴趣、能力、人格特质、价值观、决定风格、理想、生活状态等。

“自我了解”可以说是生涯探索的起点，而向其他人描述自己是开始思考“自我”的一个好方法。

描述展示自己

想象你正写一封信给网络上认识却素未谋面的笔友，介绍你自己。告诉他（或她）你是什么样的人、你最喜爱做的事、你最擅长的活动、你的未来计划等。记得附上一张你的可爱相片，或者是你的自画像。你会怎样介绍自己？

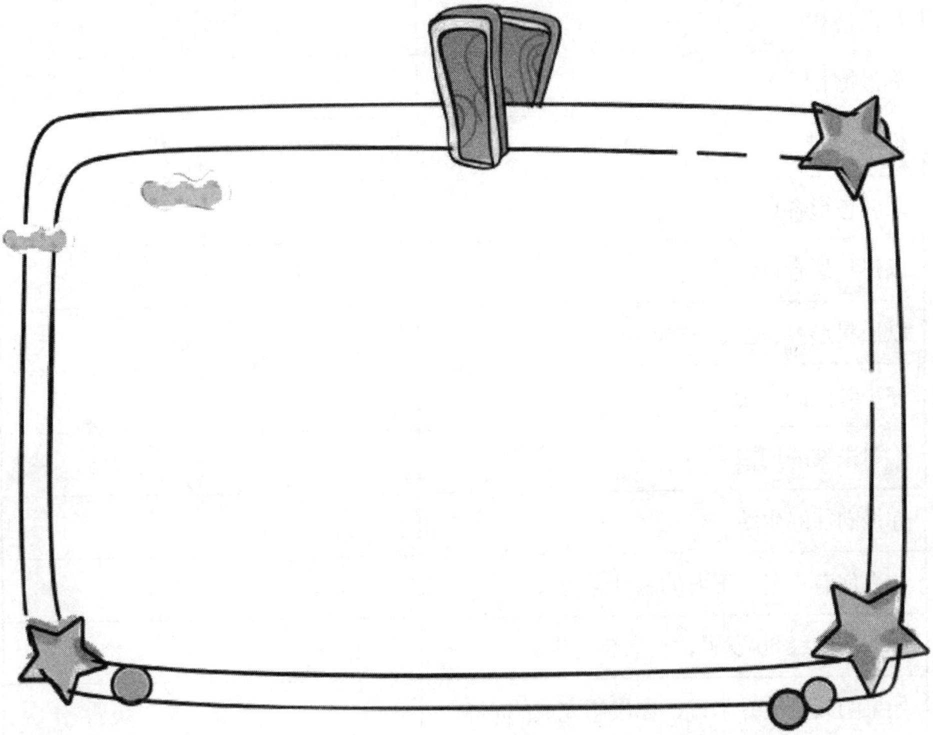

学会自我推销

你参加的社团正在举办迎新 Party, 你很高兴遇见了许多志同道合的伙伴。赶快邀请他们接受你的采访吧。别忘了向他们索取亲笔签名。同时，你要接受他们的采访。你会如何回答这些问题？为什么你会这样回答？

姓名	
系级	
你最喜欢	
你最擅长	
你最重视	
以颜色形容自己	
以形状形容自己	
以质料形容自己	
你小时候的志愿	
你对未来的期望	
你最向往的生活	
如果你有一笔一千万的意外之财	
如果你已经 80 岁了，人家会说你	
如果明天是世界末日，你最想完成的心愿	

青春记事板

青春就是……

要如何才能将“青春”写真起来？要如何才能让“青春”永垂不朽？要如何才能为“青春”留下一些值得珍藏的东西？就将你仔细思考过、咀嚼过、分享过的不同面向的“自己”，在“青春记事板”上留下记录吧。

我最喜欢的是	
我最擅长的是	
我最重视的是	
我的颜色是	
我的形状是	
我的质料是	
我小时候的志愿是	
我对未来的期望是	
我最向往的生活是	
如果我有一笔一千万的意外之财	
如果我已 80 岁了，人家会说我	
如果明天是世界末日，我最想完成的心愿	

生涯规划历程中的自我探索就是透过一些问题和活动，引领你更加了解自己的兴趣、能力、价值观和人格特质等。

“你的颜色”反映你的心情和个性。

“你的形状”代表你待人接物、与世界和他人相处的方式或风格。

“你的质料”则是你留给他人的印象和感觉。

“小时候的志愿”记录的是在你对世界还懵懂无知时，你有过的梦想和憧憬。

“对未来的期望”反映的是现在的你对数年或数十年后的世界的遥想或愿景。

“向往的生活”呈现你喜欢或向往的理想的生活状态，即使现在忙碌的你可能还没有机会依照你向往的方式生活。

“意外之财”的运用方式因人而异，反映你的金钱价值观。

“如果八十岁”是对人生最后岁月的终极期待，是自我理想和期许的完成与实践。

“如果明天是世界末日”省思的是当下你心中挂念的未了心愿，需要你全力以赴地去完成，不要让生命留下遗憾。

心的丝路

一直相信生活在这世间的每一个人都拥有多样的面貌，面对不同事物、不同情境、不同人群，变换着不同的面貌，有些是刻意的隐藏，有些是自然的显现。就如太极，随着时序流转，时阴时阳，既阴且阳。

学校中循规蹈矩的好学生，在家中可能是唯我独尊的小霸王；喜欢户外运动的人，在其他场合可能害羞、腼腆；曾经桀骜不驯的叛逆小子，也可能返璞归真，悠游山林。曾经存在、现在显现、未来可能发展的“我”都反映了不同面向的自己。即使对大部分的自己感到满意，仍然年年期待着换上一件崭新的衣裳——一个崭新的、更好的自己。

我是蓝，双重性格的蓝；有时像蓝天，晴空无云，不受有形规矩的框限和羁绊；有时像大海，深陷其中，辗转挣扎，无法喘息；有时仰天长啸；有时随波逐流。

我是水，没有形状的水；盛在不同的容器中，即变化不同的形状；自在悠游，随遇而安；看似千变万化；水仍是水，本质未曾改变。

2 我的成长故事

我是怎么长大的？

向上提升与向下沉沦

明确自己的生活角色

心理学家阿德勒说，人有着与生俱来的自卑感，觉得自己总有些地方不如其他人。所幸，人也潜藏着超越的渴望，非常努力地要“向上提升”，避免“向下沉沦”。

也许当你还在襁褓之中，初次睁开晶亮的双眼，看清楚周遭的世界，你不得不惊异世界的庞然伟大。而被妈妈的双手怀抱着的你，也不得不感觉到自己的渺小与纤弱。

随着你逐渐地成长，你对世界有了不同于儿时的视野。你不断伸展自己的双手去接触世界，每一次成功的接触都有助于建立起对自身能力的信心。然而，成长的路途中总会经历挫折、遭遇阻碍，或陷入无能为力的困境和僵局，让你开始对自己产生怀疑……

有些事在你年轻的生命中发生过，有些人在你青春的岁月中驻留过，他们都会对你造成或多或少的影响，让你逐渐演变成今天的你。

究竟发生了什么事让你成为现在的你？曾经有哪些人影响你成为现在的你？

说说你的成长故事吧。无论是曲折离奇，高低起伏，或者一路昂扬，或者低回转折，都蕴含着无限深意。

我是怎么长大的?

记得你是怎么长大的吗?年轻的你如何度过你的童年?青春岁月留下了哪些鲜明的记忆?试着在下方的空白纸片上,画下你从小到大的生涯发展和转变。你可以用写实或抽象的图案来呈现你的生涯故事。

*请找一到两位朋友或同学,和他们分享你的成长故事,并和他们一起讨论你为什么会是现在的你。有哪些人对你影响深远?发生的哪些事让你有所改变?你是如何改变的?

向上提升与向下沉沦

再次回顾你的成长故事，试着为这些在你生命中发生过的经验或事件做初步的分析：哪些经验或事件对你的影响是正面的？哪些经验或事件对你的影响可能是负面的？

将正面影响的经验列举在“向上提升”的框框中，将负面影响的事件填写在“向下沉沦”的框框中，并分别说明它们如何影响你（见图 2-1）。

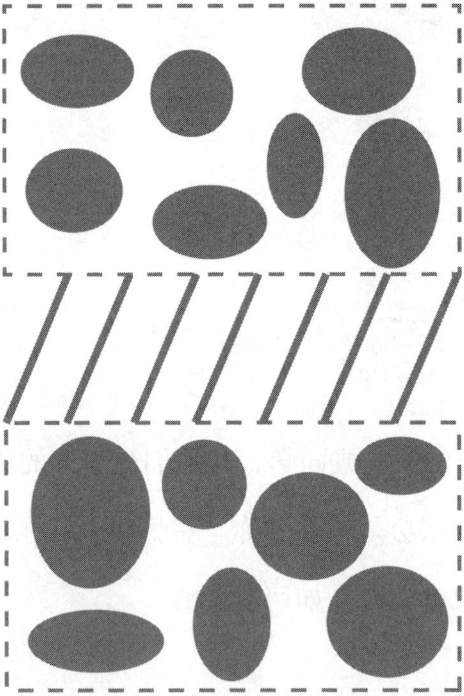

图 2-1　向上提升与向下沉沦

明确自己的生活角色

每个人在日常生活中都无可避免地扮演了一些“角色”，例如你是父母的子女、是家人的兄弟或姐妹、是某人的朋友、是学校中的学生、是单位的实习生或正式的雇员，你还是社会中纳税的公民。将来，你还会扮演更多不同的角色，像是夫或妻、父或母、连襟或妯娌、公婆的儿媳、员工的上司或主管，或者人民的公仆……

在这许多不同的角色中，你扮演得最称职的是什么？哪一个角色你希望有机会能“卸下来”，好让自己喘口气？

请仔细想想你目前扮演的角色中有哪三项是最重要的，将他们分别写在三张空白纸片上。

现在，如果因为某项人力不可抗拒的因素，你必须“丢掉”一个角色，你会优先选择哪一个呢？

剩下的两个角色也许都是重要的，但是如果再度因为某项人力不可抗拒的因素，你必须“丢掉”一个角色，你几经挣扎，最后你会选择丢掉哪一个呢？

请和你的朋友或同学们分享并讨论下列问题：

* 你所扮演的重要角色是什么？
* 你如何决定丢掉哪两个角色？
* 丢掉角色之后，你的心情如何？
* 哪一个角色你丢不掉？为什么？
* 你扮演得最称职的是什么角色？

每一个现在的自己都是基于过去的经验，受过去发生的人、事、物影响甚为深远，并以经验中建构出来的想法和观念作为基础，再去理解和诠释新的经验，扩充了自己的认知体系，也形成了自己坚信的真理。因此，仍存留在记忆深处的过去发生的重大事件和生活经验值得我们细细剖析，找出它们如何影响现在的自己，并理清现在的哪些想法和观念受着过去经验的框限和左右。

过去，你在缺乏自主意识、毫无觉察的情况下被生活经验或社会环境塑造成今天的你，许多方面可能并不那么令你感到满意。也许直到今天你才惊觉，这不是你。当有机会卸下某些你可以不必勉强扮演的社会角色，你才能真正轻松自在地做回自己。如果你感觉到身上背负着沉重的枷锁，而钥匙仍在别人那里，你可以选择继续痛苦、无奈地过完这一生；也可以选择用全新的科技为自己打造一把钥匙，解开自己的枷锁，卸下别人加之于你的负担，让自己未来有机会对这一生感到满意。

记得胡适说过，“要怎么收获，就先那么栽”。未来你想要过的是什么样的生活？未来你想要在社会上扮演什么样的角色？未来你希望做一个什么样的人？取决于现在你要做什么样的改变。

心的丝路

我最早丢掉了“姐姐”的角色。因为作为姐姐，我从小就被教导凡事要让着弟弟妹妹，因为他们“还不懂事”。但是，我哪里就懂事了？为什么因为是姐姐，就必须被迫伪装成成熟、懂事的模样？做对了是应该的，做错了就是坏榜样，真是难以承受之重。

接着，我丢掉了“女儿”的角色。只是想用另一种方式做女儿，不要毕恭毕敬，不要唯唯诺诺，不要总是不敢告诉爸妈自己真正想要的是什么。我希望离开爸妈的羽翼，能够勇敢地做我自己。也许有些不乖，也许有些不守规矩，但是，我会更小心地保护自己不受伤害，会更知道如何肯定自己。

最后，我仍然要做“学生”。学习是一条无止境的路。我们在人生的历程中，无论是扮演好自己的角色，或是不扮演任何角色而能“无入而不自得”，人生智慧的累积都是学习。而我不过是走在这条路的开端。放眼未来，人生要学的功课也是浩瀚无涯的，人生中会遭遇的问题都值得我去探究，才能抽丝剥茧，寻找到自己的答案。因此，人生历程中的任何经验都是我的老师。我虚心求教，努力学习。

3

性格决定命运

我是什么性格？

展示你性格的形容词

理想我与真实我

人格类型分析问卷

当你向别人介绍自己是一个活泼、开朗、热情的人，或者当你形容自己是一个文静、细心、友善的人，你就是在描述你的“人格特质”，或是你的“个性”或“性格”。

人格特质是一个人在生活中对人、对事、对自己、对外在环境表现出来的一致性因应方式。每个人在其成长历程中，可能受到生理、遗传、家庭教养、文化规范、学习经验等因素的交互作用的影响，而形成独特的个性，在不同情境中表现出特定的气质。

某些人格特质之间具有相当的关联性，如活泼、开朗、热情的人通常会较为积极主动，显得较为爱表现，因此常具备较好的沟通能力。另一方面，文静、细心的人常会较为谨慎而内敛，因此较重视秩序，让人觉得可靠。当然，有许多人格特质介于两个极端中间的灰色地带。通过这些人格特质的分析，我们可以归纳出几个较为典型的人格组型，也许是 A、B、O、AB 四型，也许是十二星座为代码的组型，也许是职业指导专家霍兰德提出的六边形，也许是荣格或迈尔斯·布里格斯匠心独具的十六型人格。

虽然人格特质的分析让什么样的人会选择什么样的工作变得有迹可循（就像是“物以类聚”），但是，作为生活经验的一环——工作，仍会持续不断地对人格特质的塑造与修正发挥关键性的作用，使得人格特质逐渐发生转变。例如，害羞内向的你也许是因为某个原因考上教育专业，而不得不学习当一位老师，经过多年教学的磨炼之后，你很有可能会发现再也没有人相信你有过害羞内向的年代了。

所以，多方位地去了解你的人格特质，但不要被目前以为的人格特质限制了你的生涯发展。

我是什么性格?

＊请试着用三句话描述你的人格特质，填写在下栏中。

1. 我是______________________________

2. 我是______________________________

3. 我是______________________________

＊找一位你的好朋友，请他列举出你的三个人格特质，并和他一起讨论你自己写下的特质。看看你的好朋友对你的看法与你对自己的看法有什么异同。

我的朋友认为我是______________________________

举例说明______________________________

我的发现______________________________

展示你性格的形容词

下列是我们常用来形容人格特质的一些字眼（见表 3–1），仔细想想看你自己具备了哪些特质？请将这些形容词提供给你的好朋友参考，也请他圈选出他认为你所具备的特质。对此看看他所形容的你和你所形容的自己，有些什么异同？为什么会有这些异同？

表 3–1　形容人格特质的一些字眼

R 顺从	R 重视物质	R 温和	R 坦白	R 自然	R 害羞	R 勤奋
R 诚实	R 有恒心	R 稳定	R 谦虚	R 实际	I 分析	I 独立
I 喜欢解决问题	I 理性	I 内向	E 好奇	I 重视方法	I 冷静沉着	I 批判
I 具科学精神	I 追根究底	I 深谋远虑	S 亲和力	S 人缘佳	S 喜欢与人接触	S 乐于助人
S 为他人着想	S 随和	S 宽宏大量	S 善解人意	S 温暖	S 合作	C 循规蹈矩
C 喜欢规律	C 缺乏弹性	C 节俭	C 缺乏想象力	C 传统保守	C 谨慎	C 有条理
C 按部就班	C 负责任	A 复杂善变	A 喜欢变化	A 缺乏条理	A 想象力丰富	A 崇尚理想
A 情绪化	A 直觉的	A 不切实际	A 不喜从众	A 独创性	A 较冲动	A 感性
E 富冒险性	E 精力充沛	E 善表达	E 慷慨大方	E 自信	E 有领导能力	E 活泼热情
E 积极主动	E 喜欢表现	E 说服力强				

我圈，别人也圈的特质是：

我圈，别人没圈的特质是：

别人圈，我没圈的特质是：

我的发现：

原来我是个＿＿＿＿＿＿＿＿＿＿＿＿＿＿的人。

我希望继续保有的特质是：

我希望改变的特质是：

职业指导专家霍兰德认为每个人的生涯选择是个人人格在工作中的表露和延伸。亦即，人们在其工作选择和经验中表达个人的兴趣和价值。因此，不同个性的人很可能会选择不同的职业。例如：

实际型（R）的人

具有顺从、坦率、谦虚、自然、坚毅、实际、有理、害羞、稳健、节俭等特征。

研究型（U）的人

具有分析、谨慎、判断、好奇、独立、内向、精确、理性、保守、好学、自信等特征。

艺术型（A）的人

具有复杂、想象、冲动、独立、直觉、富创意、理想化、情绪化、感情丰富、不重秩序、不服权威、不重实际等特征。

社会型（S）的人

具有合作、友善、慷慨、助人、仁慈、负责、善沟通、善解人意、富有洞察力、理想主义等特征。

企业型（E）的人

具有冒险、野心、抱负、乐观、自信、冲劲、追求享乐、精力充沛、善于社交、擅长说服他人、获取注意、管理组织等特征。

传统型（C）的人

具有顺从、谨慎、保守、自抑、谦逊、规律、坚毅、实际、稳重、重秩序、有效率等特征。

理想我与真实我

也许你很高兴地发现你的朋友真是了解你，或者你很遗憾地发现你的朋友认识的你早已是“过去式”了，甚至你真的希望能成为朋友眼中的你。“理想我”（你希望成为的样子）与“真实我”（你现在实际的样子）的差距经常会困扰许多年轻的朋友。如何缩短理想与现实的差距，让两者更趋向一致，是值得深入思索的问题，也是通向满意生涯的重要指标（见表 3–2）。

表 3–2 “理想我”与“真实我”

人格特质描述	我过去的样子	我现在的样子	我希望的样子
乐观的			
爱整洁的			
小心谨慎的			
守信的			
脾气温和的			
彬彬有礼的			
诚实可靠的			
努力勤奋的			
有自信的			
受欢迎的			

续表

人格特质描述	我过去的样子	我现在的样子	我希望的样子
独立自主的			
积极进取的			
有耐心的			
体贴的			
幽默的			
热心助人的			
重纪律的			
开朗的			
谦虚的			

人格类型分析问卷

心理学家迈尔斯依据四类偏好向度，建立了十六种人格特质的典型。这四类偏好向度分别是“外向—内向”“感官—直观”“思考—感觉”和“判断—觉察”（见表 3–3）。不妨试着依据这四个向度，来判断一下自己的人格特质倾向是什么。

表 3–3　迈尔斯人格特质的四类偏好向度

外向（E）	□喜欢和他人谈话 □倾听其他人说话 □烹煮晚餐，烧咖啡 □以汽车为工作工具	内向（D）	□喜欢阅读书籍 □思考想说或想做的事 □觉察自己的感受 □思考难题，以求了解
感官（S）	□品尝食物 □注意交通标志的转变 □记得一场演讲内容 □按部就班做计划	直观（N）	□突发奇想（做事的新方法） □思考目前行动的未来启示 □寻思人们所言所行的内涵意义 □观看大幅的图片
思考（T）	□仔细研究一项产品，购买同类型中最好的 □做“对的事”，无论是否喜欢 □选择不买已经有的类似的东西 □遵循指导原则来完成工作任务	感觉（F）	□只因为喜欢就决定购买一些东西 □压抑冲动，不告诉某人一些会令他难过的事 □只因为不喜欢工作环境，就决定不接受某项工作 □决定搬到离自己关心的人较近的地方

续表

判断（J）	□将要做的事列出一张清单 □预先把事情计划、安排好 □做出判断和表达判断 □将一个议题结束以进行下一个议题	觉察（P）	□延迟做决定，评估其他可供考虑的选项 □立即自发性的行动 □当下做决定而不做预先的计划 □总要到最后一分钟才做事

有一个世界在我们周围，有一个世界在我们的内心中。如果你倾向于处理外在世界中的事务，你是“外向型”；如果你倾向于处理心中的内在世界，你是“内向型”。

我们都需要搜集足够的信息，才能帮助我们做决定。“感官型”的人偏好运用感官操作的具体方法去搜集资料；“直观型”的人偏好从搜集的资料中产生抽象的可能性。

当我们需要做出决定时，经常是以思考或感觉为基础的。如果你是“思考型”的人，你倾向于遵循逻辑来做决定，因此你是理性的、公平公正的，有一套既定的行为准则。如果你是“感觉型”的人，你倾向于因时、因地制宜来做决定，依据内在价值体系做自己认为是“对”的事，因此也常是主观的。

由于我们具有不同的气质倾向，我们对外在世界或日常生活的态度有所不同。“判断型”的人偏好接触的事情都能条理分明、秩序井然，希望凡事都在掌握之中；“觉察型”的人则希望事情能保持弹性开放，任其自然发生，而不受限于既定的轨道。

因此，心理学家凯尔西将十六人格类型加以归纳命名，并分别标定该类型的生命主题（见表 3–4），如“守护者”致力于寻求安全稳定，“技艺者”致力于寻求感官刺激，“理论者”致力于寻求理性知识，“理想家”致力于寻求自我认定。你的人格气质倾向和生命主题是什么呢？

表 3–4　凯尔西十六人格类型命名及生命主题

护卫者（SJ）		技艺者（SP）		理性者（NT）		理想主义者（NF）	
寻求安全稳定		寻求感官刺激		寻求理性知识		寻求自我认定	
ESTJ	监管者	ESTP	促进者	ENTJ	指挥者	ENFJ	教育者
ISTJ	检查者	ISTP	手艺者	INTJ	策划者	INFJ	辅导者
ESFJ	供给者	ESFP	表演者	ENTP	发明者	ENFP	奋斗者
ISFJ	保护者	ISFP	创作者	INTP	建造者	INFP	医治者

心的丝路

我是个奇怪的人。有时充满了知识分子追求学问的热情，一心精进所学，期望能为社会所用；有时却懒散得只想学陶渊明隐遁于田园，不见世人，不闻世事，不思世理。

在这个浊世之中，想效渊明之志的不只是少数人，但真正能归隐山林的总是没有几个。所以，人都是奇怪的吧。那么想做真正的自己，却无法抛开现有的舒适、安逸、成就与社会期待。

还是这些心理需求原本就充满了冲突和矛盾？满足口腹之欲后，既想要安稳的生活，也想要追求理性知识，更想要寻求自我实现，这些“想要”并不尽然能在目前的生活中满意地获得。在这些“想要”之间如何取舍，不也是一门人生的功课？

不同时期的我会有不同的“想要”，导向不同的生涯选择。因此，这个时期的生命主题想必不同于下一个阶段的生命主题。

想到心理学家弗洛伊德说起人格的结构。“本我”是所有生物的本能，就像肚子饿了要找吃的，口渴了要找喝的，是需要立即满足的。“超我”是社会文化的期待和规范，通过父母、师长的教诲，让我知道肚子饿了不能“偷”吃，口渴了不能“随便”喝。两者都是“我”，冲突时也会两败俱伤。于是，“自我”就必须因时、因地制宜地扮演调停者的角色。既然因时、因地制宜，就没什么应该不应该，没什么是固定不能改变的准则。

于是，赫曼·赫赛提醒我们：

> 不必问我“我的处世态度对不对”，这类问题没有答案。每一种态度都对，因为它们是人生的一部分。你应该自问“我是我，我的问题和需要与他人不同，我应当如何安排此生，如何善用此生”。如果你真能确切自省，你的答案当是：“既然我是我，我不必羡慕，也不必轻视别人，不必担心我的存在是否‘正确’。我应当把自己的良知和需要当作身体、姓氏、籍贯一样接受，因为良知和需要都是我生命中无法回避的一部分。即使全世界的人都反对，我也必须承认那就是我。”

但求尽其在我、无愧于心，过于在意得失、好坏反而无法充分表现或发挥自己。

4

兴趣是最好的老师

了解你的兴趣
喜欢的日常活动
人生兴趣坐标图
假如你有七天假期
从六边形中找挚友
生涯兴趣类型分析Ⅰ
进一步发掘自己
生涯兴趣类型分析Ⅱ
生涯兴趣测验的结果

在“男主外，女主内”的古老年代里，流传着一句谚语“男怕入错行，女怕嫁错郎”。外出工作的男性如何选择一个满意且可终身从事的职业，就像是嫁入婆家当“煮妇”的女性如何选择一张可靠的“长期饭票”一样重要。

在这个追求两性平等的年代，无论男性或女性，选择职业和选择伴侣仍有着极其相似的过程和结果。想想看，你会选择什么样的伴侣。是你爱的，还是爱你的？是你自己喜欢的，还是令别人满意的？当然，如果二者能兼而有之，更是完美无缺了。不过，世事总无法尽如人愿，越是能弄清楚自己到底喜欢什么，越能避免日后的懊悔和遗憾。

那么，你究竟喜欢什么？其实，这并不是一个可以简单回答的问题。有些人因为缺少丰富的经验，单纯地不知道自己喜欢什么。其实可以通过实际的接触和尝试，试探自己的兴趣所在。然而，很多人花了很长一段时间寻寻觅觅，仍无法理清在许多个喜欢之间，究竟哪一个才是最喜欢。于是，对未来可能的发展感到茫然、困惑，不知所终。

从事自己喜爱的工作，可以带来较为愉悦的感受，让自己更有动力积极投入到工作中，创造更大的成功机会，获得更高度的成就感和满足感，会更加肯定自己的能力和表现，对自己更具信心，更加充分发挥潜能，完成自我实现的人生目标。这一连串让你感受到愉悦、投入、成就、满意、肯定、自我实现的良性循环的起点就是“生涯兴趣”，值得你多花一些时间深入探索。

了解你的兴趣

请回顾你最近一个星期（或一个月）的生活点滴，回味让你感到愉快的经验。请举出一至三个生活事件，事件发生之时或完成之后，你感受到相当程度的喜悦或满意。

最近一个星期（或一个月）中，让我感到愉快的经验

综合来看，这些让我感到愉快的生活事件，有些共同特性

请在下面的线条中标出适当位置：

资料 5 4 3 2 1 0 1 2 3 4 5 思维

人群 5 4 3 2 1 0 1 2 3 4 5 事物

喜欢的日常活动

当你不必上课或上班时，你通常会从事哪些休闲活动？请列出一至三个你平日喜欢的休闲活动。

当我不用上课或上班时，我通常喜欢从事的休闲活动

综合来看，这些我喜欢从事的休闲活动，有哪些共同特征

请在下面的线条中标出适当位置：

资料 5 4 3 2 1 0 1 2 3 4 5 思维

人群 5 4 3 2 1 0 1 2 3 4 5 事物

人生兴趣坐标图

现在，请你将“愉快的生活经验”和“喜欢的日常活动”两者的特性倾向综合起来，看看你的“生涯兴趣坐标”会落在哪一个象限上？（见图 4–1）

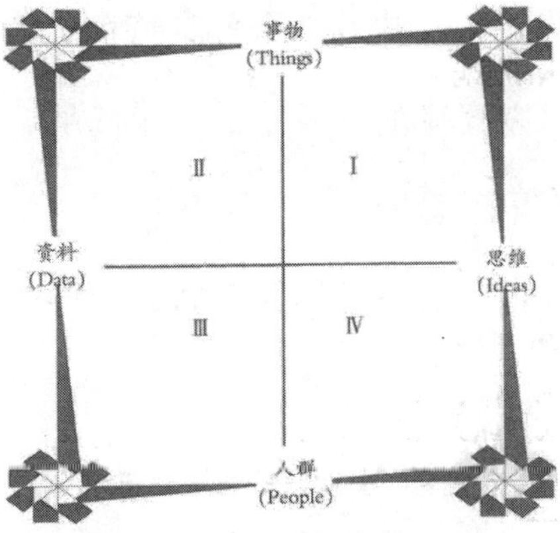

图 4–1　生涯兴趣坐标图

提示

资料：喜欢处理文字或数字资料的记录、查对、分类、组织等工作。

思维：喜欢创造、发现、解释抽象的概念，从事知识的开发、整合与传递。

事物：喜欢从事与机械、器具有关的工作，喜欢处理物理现象的问题。

人群：喜欢从事与人群有关的工作，喜欢处理人际关系。

假如你有七天假期

正是桃花盛开的春天，你刚好有七天的春假，你计划着前往远方一处新开发的群岛度假。

旅行社经理向你大力鼓吹旅游项目的特点："这是我们和当地旅行社合作开发的新路线，一共有六个各具特色、各具风情的岛屿。如果你的时间允许，可以安排前往其中的三个岛屿，各停留几天，保证你能遍览岛上风光，乐不思蜀。"

你仔细浏览旅游手册上记录的六个岛屿的特色：

A岛：美丽浪漫的岛屿，岛上有美术馆、音乐厅，弥漫着浓厚的艺术气息。同时，当地的原住民保留了传统的舞蹈、音乐与绘画，许多文艺界的朋友喜欢来这里找寻灵感。

S岛：温暖友善的岛屿，岛上的居民个性温和、友善，乐于助人。各个社区自成密切互动的服务网络，人们互助合作，重视教育，弦歌不极，充满人文气息。

E岛：显赫富庶的岛屿，岛上的居民热情豪爽，善于企业经营和贸易。岛上的经济高度发达，处处是高级饭店、俱乐部、高尔夫球场，来往多是企业家、经理人、政治家，衣香鬓影，夜夜笙歌。

C岛：秩序井然的岛屿，岛上的建筑十分现代化，是进步的都市形态，以完善的户政管理、金融管理见长。岛上的居民个性冷静、保守，处事有条不紊，善于组织规划。

R岛：自然原始的岛屿，岛上保留有热带的原始森林，自然、生态保护甚佳，也有相当规模的动物园、植物园、水族馆。岛上的居民以手工见长，自己种植花果蔬菜、修缮房舍、打造器物、制造工具。

I岛：深思冥想的岛屿，岛上人迹较少，建筑多僻处一隅，平畴绿野，适合夜观星象。岛上有多处天文馆、科技馆、图书馆。岛上的居民喜好沉思，追求真知，喜欢和来自各地的哲学家、科学家、心理学家等交流心得。

※假如你仅有七天难得的假期，你会考虑到哪三个岛屿度假，你的优先选择是什么？

我的度假计划：

选择1：__________岛，因为：______________________

选择2：__________岛，因为：______________________

选择3：__________岛，因为：______________________

※ 然而，仔细想想，如果你有机会影响政府的行政决策，你会期待建设哪一个岛屿？或者你期待未来能在哪一个岛屿上工作和生活？哪一个岛屿是你心中的桃花源？你有三个优先选择：

我的生活计划：

选择 1：__________岛，因为：______________________

选择 2：__________岛，因为：______________________

选择 3：__________岛，因为：______________________

※ 最后，想象你已经年华老去，希望找到一个适合你度过退休生活的居所，以安享天年。哪一个岛屿最吸引你？你有三个优先选择，安排你的退休计划：

我的退休计划：

选择 1：__________岛，因为：______________________

选择 2：__________岛，因为：______________________

选择 3：__________岛，因为：______________________

从六边形中找挚友

这六个岛屿代表着六种典型的生涯兴趣类型，它们的相应位置就像是一个正六边形（见图 4–2）。看看你的同学或朋友之中，哪些人和你志同道合，可以呼朋引伴一起去探险？哪些人可以和你一起开创新生活？哪些人可以共创未来？

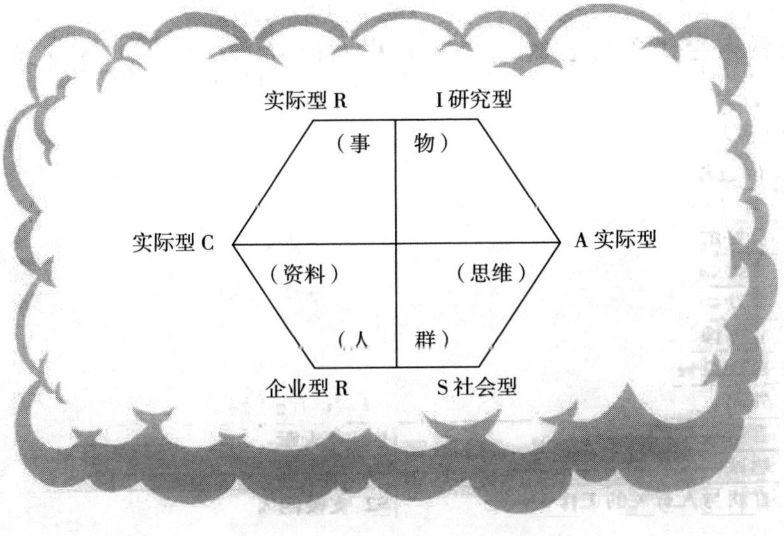

图 4–2　从六边形中找挚友

提示：

实际型（R）：喜欢运用工具、操作机械，参与运动与户外活动。

研究型（I）：喜欢学习新知，研究且解决抽象的问题，重视科学。

艺术型（A）：喜欢自由发挥想象力，创作或鉴赏艺术作品。

社会型（S）：喜欢了解他人或与他人沟通，关心他人的福祉。

企业型（E）：喜欢领导他人工作或销售商品，并以言语说服或影响他人。

传统型（C）：喜欢有系统、具体、例行的程序，处理文书或数字资料。

生涯兴趣类型分析 I

这里列出了一些有关生涯兴趣类型的叙述。想想看它们和你对自己的看法是否符合，请将所有符合你的情况的叙述圈出来（见表 4-1）。

表 4-1　生涯兴趣类型

R1 与动物有关的工作	R2 善用双手
R3 与机器有关的工作	R4 用机械的处理方式
R5 建造或修理东西	R6 良好的身体协调
R7 以行动解决问题	R8 准备在任何条件下工作
I1 好奇	I2 要求理性
I3 思考清晰	I4 注意力集中
I5 以思考解决问题	I6 喜欢数学和科学
I7 独立	I8 不依惯例
A1 良好的观察力	A2 敏感
A3 良好的自我表达能力	A4 有天赋
A5 喜欢处理事情的新方法	A6 喜欢美术 / 音乐 / 戏剧 / 写作
A7 有想象力与创造力	A8 喜欢变化
E1 喜欢说服和影响别人	E2 有抱负的
E3 外向	E4 组织能力强
E5 喜欢有计划的工作	E6 有天赋
E7 热忱	E8 精力充沛
S1 喜欢与人有关的工作	S2 支援他人
S3 热心	S4 靠情感解决问题
S5 责任感	S6 不怕情绪的问题
S7 理解力	S8 喜欢成为团队的一分子
C1 喜欢与电脑有关的工作	C2 喜欢例行公事

续表

C3 遵循程序来解决问题	C4 可信赖
C5 生意眼光	C6 准确
C7 注意细节	C8 喜欢清楚的方向

※ 将每一类型的圈选数目记在下面的表格中：

实际型（R）的数目________________

研究型（I）的数目________________

艺术型（A）的数目________________

企业型（E）的数目________________

社会型（S）的数目________________

传统型（C）的数目________________

※ 根据上述分类的结果，哪个类型最能描述你？（即分类结果显示什么？）

※ 根据“心中桃花源”和“探险”活动的结果，你感觉哪个类型最能描述你？

※ 你对自己的感觉与类型分析显示的结果相同吗？有哪些是相同的，哪些是不同的？

* 相同的是：

* 不同的是：

※ 写下你认为最合适你的类型的描述。（借助卡片或运用你自己的感觉。）

进一步发掘自己

当你理清了自己的生涯兴趣类型，也许你会想要更进一步了解自己的能力、人格特质等是否符合你的兴趣类型。下列是一些协助你认识自己的方式，请一一检视你有多符合你的生涯兴趣类型，以及各类型的人通常会从事的工作。

实际型（R）

如果你是一个“实际型”的人，你可能在下列的叙述中认识自己：

◆你擅长并喜欢运用手与手指工作

◆你喜欢用工具、机器工作

◆你有（或愿意培养）手工、机械、电子领域的技能

◆使用身体技术时，你会觉得比创作、思考或情感的活动快乐

◆你可能具备下列一个或一个以上的能力

◎身体协调　◎体力　◎敏捷　◎逻辑

◆你喜欢在户外

◆你喜欢动物

◆你被视为一个“脚踏实地”或“实事求是”的人

◆你喜欢以行动解决问题

【实际型的工作包括：营造师、电机／电子工程师、景观建筑师】

研究型（I）

假如你是“研究型”的人，你可能在下列的叙述中认识自己：

◆你喜欢运用理性，爱思考且好奇，勤学而独立

◆你喜欢思考甚于行动

◆你拥有数学、物理学及生物学方面的技能，并想更加充实

◆你有时被描述为知性的，有时被描述为不依循惯例的

◆你喜欢以思考来解决问题，且常相信自己的理性和想法甚于其他的人或事

◆你可能会喜欢科学或医学的工作

【研究型的工作包括：药剂师、营养师、工艺师、修理师、记者】

艺术型（A）

如果你是“艺术型”的人，你可能在下面的一些叙述中认识自己：

◆你喜欢逃离例行公事

◆你拥有语言、美术、音乐、戏剧、写作技能，并想要更加充实

◆你可能对事物不信任，但信赖自己的理智和感觉

◆你喜欢视觉、听觉、触觉上的美与变化，欣赏脱俗、有趣的人

◆你有时被形容为有点叛逆的，或有点反社会的

◆你有创意，敏感，喜欢构思新方法来解决问题

◆你喜欢可以尽情发挥你的创意和天赋的工作

【艺术型的工作包括：艺术家、厨师、橱窗设计师、景观设计师】

社会型（S）

如果你是“社会型”的人，你可能在下面的一些叙述中认识自己：

◆你喜欢帮助别人，你友善、敏锐、乐于助人、有责任感

◆你喜欢亲近人，分担别人的困难

◆你从维持团队的良好合作中得到满足

◆你有时被描述为真诚、圆融和善解人意的

◆你喜欢别人信赖你的感觉，并观察别人的感觉来解决问题

◆你喜欢从事与人接近的工作

【社会型的工作包括：教师、护士、社工人员、保姆、导游】

企业型（E）

如果你是一个“企业型”的人，你可能在下面一些叙述中认识自己：

◆你喜欢企划

◆你喜欢领导及影响别人

◆你外向、有精力、自信、热诚

◆你拥有领导、激励和说服别人的技能，并想要更加充实

◆你喜欢组织、管理和地位

◆你有时被描述为有抱负，可能喜欢权力和金钱

◆你喜欢有关推销或管理人的工作

◆你喜欢冒险涉入自己及别人的情境以解决问题

【企业型的工作包括：经理、拍卖官、经销商、贸易商】

传统型（C）

如果你是“传统型”的人，你可能在下面的一些叙述中充分地认识自己：

◆你喜欢良好的组织工作，并有清楚的程序

◆你仔细，条理分明，精确，注重细节

◆你喜欢清楚的目标

◆你被描述为负责且可信赖的

◆你可能有好的基本技能和计算能力，并想加强

◆你喜欢组织事情，可能想在大机构中工作

◆你喜欢运用、依循试验过的程序来解决问题

◆你想要操作电脑系统、文字处理的工作

【传统型的工作包括：银行经理、系统分析师、秘书、助理、饭店接待员】

※ 有一份常用的“生涯兴趣量表”就是以这六个生涯兴趣类型为基础编拟的，你可以去学生辅导中心询问有关测验的实施情况，请生涯咨询师或辅导老师协助你接受测验并解释测验结果。将测验结果及提供的适合你从事的职业记录下来，看看和你自己的分析是否符合。

生涯兴趣测验结果：

适合从事的职业：

生涯兴趣类型分析 II

接下来，你需要进一步了解你的生涯兴趣类型之间的适配性、差异性和一致性。“适配性”指你的人格特质和你喜欢的职业活动之间的符合程度，如具有社会型特质的人喜欢从事社会型的工作。“差异性”是指你喜欢的类型之间显现出较大的差异，如你的社会型和艺术型的表现可能明显高于其他类型。“一致性”是指你在六个生涯兴趣类型中表现较高的前三个类型彼此之间的相似程度，如社会型与艺术型因在六边形的相邻两边，表示这两个类型的一致性较高，处在对角线上的社会型与实际型则相当不一致。这是因为社会型的人喜欢帮助别人，在团体中工作，注重人际间的互动；但实际型的人偏好用机器工作，而不喜欢以人群为工作的对象。现在，请你将“生涯兴趣类型分析 I”及“进一步发掘自己”表现出的较高的三项生涯兴趣类型记录下来，逐一检视生涯兴趣类型的适配性、差异性和一致性。

我的生涯兴趣类型	
适配性	
差异性	
依据我的生活兴趣类型，我适合从事的作作有	

生涯兴趣测验的结果

下列是目前一般学校中实施的主要兴趣测验及评估的项目。请你的生涯咨询师或学校辅导老师协助你进行几个生涯兴趣测验，并将测验得分填写在下表中。（见表 4–2）

表 4–2　主要兴趣测验及评估项目

库德职业偏好记录		斯特朗职业兴趣量表		加州职业偏好调查	
测验项目	得分	测验项目	得分	测验项目	得分
室外活动		农业		消费经济	
机械活动		应用美术		室外	
电脑活动		艺术		文书	
科学活动		运动		沟通	
说服活动		电脑活动		科学 – 专业	
艺术活动		法律 / 政治		科学 – 技术	
文学活动		数学		工业技术 – 专业	
音乐活动		机械活动		工业技术 – 技术	
社会服务		医药科学		商业 – 专业	
文书活动		医药服务		商业 – 技术	
		买卖贸易		艺术 – 专业	
		军事服务		艺术 – 技术	
		音乐 / 戏剧		服务 – 专业	
		自然		服务 – 技术	
		办公室服务			

续表

库德职业偏好记录		斯特朗职业兴趣量表		加州职业偏好调查	
测验项目	得分	测验项目	得分	测验项目	得分
		组织管理			
		公众演说			
		宗教服务			
		销售			
		科学			
		社会服务			
		教学			
		写作			

心的丝路

“只要我喜欢，有什么不可以”曾经是许多自认为独立自主的年轻朋友经常挂在嘴边的说法。“喜欢”几乎成了百毒不侵的金钟罩，隔绝了来自他人的批评和不以为然。只是，如果再仔细深究“为了什么而喜欢”，恐怕许多人半天支吾其词，答不出个所以然。

相传古代有一个姓叶的人，世人称他为叶公，宣称自己非常喜爱龙。叶公欣赏龙的绘画、雕刻，穿着绘有龙纹的衣裳，佩戴着龙形的玉佩，使用的器物无一不雕着栩栩如生的龙。天上的龙听说了叶公如此好龙，大为感动，有一天特地降临凡世来到叶公面前，想和他交个朋友。没想到叶公见到了真正的龙，却甚为恐惧，四处逃窜。龙明白了，叶公喜爱的只是社会称羡的龙图腾，而非真正的龙，只能失望而归。

我们可能都有类似的经验，一直以为是自己“喜欢”的，没想到实际接触、深入了解之后，才蓦然发现过去喜欢的只是一个被大众口耳相传建构出来的“假象”，自己面对它的真实的感受恐怕离喜欢甚为遥远，却常囿于社会的偏好价值而逃不出假象的樊笼。

因此，世间的人和事物经常得等到亲身体验或接触之后，细细品味、体会自己真实的“感觉”，才能判断“喜欢”的深浅。至于，尚无缘接触的人和事物是很难判断喜欢与否的。轻率做出喜欢与否的判断，所依循的常只是社会的偏好价值，所判断的也是假象而已。

5 职业技能测试

可转换于工作的技能

职业技能鉴定

兴趣与职业能力

其他能力测验

除了你的人格特质和兴趣之外，对你的人生选择同样具有影响的就是你的“能力”了。有时，能力不足会让你裹足不前，没有勇气去做你喜欢的事。例如，你也许和大多数人一样，很喜欢整天坐在电脑前玩电脑游戏，但可能还不具备电脑游戏的程序设计能力，而无法成为软件工程师。你也可能梦想着行遍天涯、深入蛮荒，却抱憾于自己的语言表达和沟通能力而难以圆梦。甚至，你可能梦想成为众人欣羡、追逐的明星，却始终没有人欣赏你的歌声或演技。

有能力完成一些想做的事会让你对自己更具信心。然而，某些你很擅长的工作可能无法吸引你投入兴趣。就像有人可以做很好的医生，但他宁可从事喜欢的表演或创作；有人可能具有成为优秀运动员的天分，却喜欢室内设计。令人困惑的问题经常是你是否具备了你喜欢的工作要求的能力，或者，你要如何培养自己，才能具备你需要的能力。

有些事你不会做，并不是真的因为你没有能力，而是因为你从来没学过，或者是你不曾给自己机会充分学习。如，你不会修理电器，可能只是因为从来没有人教过你如何修理电器。如果你真的希望成为专业摄影师，唯一的方法是去学习摄影技术，加入摄影社将是一个适当的学习起点。培养自己的能力，的确需要投入时间、金钱或心力，但是如果完全不愿意投资自己，那么你可能永远成为不了专业人士。

你不妨仔细思量在未来的人生历程中，你需要什么样的能力。然后，从现在开始好好栽培自己。

可转换于工作的技能

可转换于工作的技能是指可以使用在一个以上的情况中，或是可以从学校转换至工作中的技能。这些技能是确保未来良好工作表现所必需的。请仔细阅读作业单中列出的可转换技能，将它剪成卡片。

1. 请拿出四张卡片，依照下面的指示，放在适当的地方。

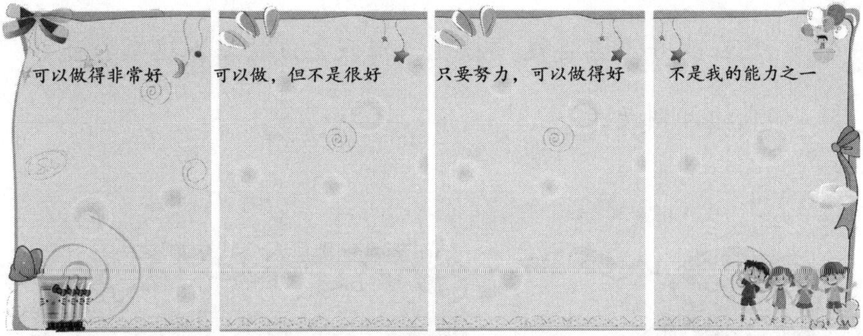

2. 仔细阅读这些技能卡，并根据所描述的技能，判断自己的感觉，将每张卡片放在前面那些卡片的上面。

3. 拿起在“可以做得非常好”上的卡片，根据你可以做得最好的顺序排列。

（1）________________

（2）________________

（3）________________

（4）________________

（5）＿＿＿＿＿＿＿＿＿＿＿＿＿＿＿＿＿＿＿＿＿＿＿＿＿＿＿＿

（6）＿＿＿＿＿＿＿＿＿＿＿＿＿＿＿＿＿＿＿＿＿＿＿＿＿＿＿＿

（7）＿＿＿＿＿＿＿＿＿＿＿＿＿＿＿＿＿＿＿＿＿＿＿＿＿＿＿＿

（8）＿＿＿＿＿＿＿＿＿＿＿＿＿＿＿＿＿＿＿＿＿＿＿＿＿＿＿＿

4. 从“不是我的能力之一”的卡片上挑出一张，告诉自己你要设法改善它，并且拟定计划去做。

现在我并不具备这项技能，但我要设法培养这项技能。

我的计划是：

★保持身体强健

★改造及装配东西

★精准、快速地处理事务

★把小块放在一起组合东西

★使用工具，如锤子、螺丝、起子、厨具

★研究东西如何运作

★手和眼睛的协调

★从事困难的体力劳动

★灵巧地使用双手

★开车，骑自行车

★修理东西

★身体反应迅速

★显现身体活动的协调

★研究和搜集资讯

★使用打字机、缝纫机、电钻及其他的工具

★复习及评估已发生的事

★注意细节和精密度

★遵循说明和图表

★以清楚的书写互传信息

★从书籍、电视、收音机等，找寻信息

★分析资料和事实

★保存并更新资料

★将资料分类，归档

★统计资料

★设计事件及活动

★理财，做预算

★提出新构想

★记住数字或包含数字的事物

★正确地心算

★参考许多不同的问题解决方法

★分类并筛选信息

★使用自己的感觉解决问题

★作曲

★通过身体、脸部表情及声音传达情感或想法

★有创意地使用颜色、形状或空间

★想出解决问题的方法

★迅速、准确地判断人、事、物

★接受别人的构想并发扬光大

★助人

★使用信息来形成构想

★领导并指挥别人

★创作一个故事或写一首诗

★赞美把事情做好的人

★与人聊天

★主动与初次见面者打交道

★组织人群

★说服别人接受一个构想或卖给他们某些东西

★倾听并观察别人的反应

★对别人解释如何做事

★激励人们，让他们想做一些事

★关心别人的感觉

★改造、制造东西，善用身边的东西

★使人觉得受欢迎

★通过图画和音乐传达情感或想法

★在团体中或公开的场合表演

职业技能鉴定

下列是一项描述“技能”的量表（见表5–1），请依据你平常的行为表现，对自己目前拥有的职业技能做出最真实的判断。看看你擅长的职业技能较倾向于处理资料，接触人群，还是处理事务？

表5–1 描述技能量表（符合/普通/不符合）

处理资料方面			
D1. 综合能力：能整合、解释已分析的资料，发现事实或知识。	□	□	□
D2. 协同能力：能运用已分析的资料规划行动方案。	□	□	□
D3. 分析能力：能检视、评估和分析资料间的关系。	□	□	□
D4. 汇整能力：能搜集、整理资料，或将资料分门别类。	□	□	□
D5. 电脑能力：能以电脑进行资料的运算和操作。	□	□	□
D6. 拷贝能力：能将资料输入电脑，或以其他方式转录资料。	□	□	□
D7. 比较能力：能观察资料、人和事物，以做出适当判断。	□	□	□
接触人群方面			
P1. 顾问能力：能给他人提供指导、忠告、咨询或建议。	□	□	□
P2. 磋商能力：能和他人交换看法、信息和意见，以做决定或解决问题。	□	□	□
P3. 教学能力：能借说明、示范或练习等指导或训练他人。	□	□	□
P4. 督导能力：能为他人分派工作或责任，并能与其维持和谐关系，提升工作效率。	□	□	□
P5. 娱乐能力：能借媒体或其他方式来娱乐他人，带来欢愉情绪。	□	□	□

续表

P6. 说服能力：能影响他人的观点、想法或做法。	□	□	□
P7. 指示能力：能与他人谈话或指示他人，以传达或交换信息。	□	□	□
P8. 服务能力：能注意他人的需求，并提供立即的回应。	□	□	□
P9. 听从能力：能遵循管理者的指示、教导或命令。	□	□	□
处理事务方面			
T1. 设定能力：能设计、规划和安装仪器、设备，以利他人操作。	□	□	□
T2. 精密能力：能精确地运用判断力选择或调整仪器、设备。	□	□	□
T3. 操控能力：能启动、停止、控制或调整仪器、设备。	□	□	□
T4. 驾驶能力：能驾驶机器或为机器导航，决定速度、评估距离。	□	□	□
T5. 操纵能力：能选取或移动仪器、设备、工具。	□	□	□
T6. 照料能力：能启动、停止和观察仪器、设备。	□	□	□
T8. 交付能力：能移动或携带他人指示的仪器、工具。	□	□	□
T7. 供输能力：能添加原料，或将原料从仪器中取出或更换。	□	□	□

检定过你所需具备的基本职业技能，你是否对自己更有信心了呢？原来，你其实是很有潜力的。现在，年轻是你雄厚的资本，值得你更积极投资于开发自己的潜能，培养更优越或更高阶的职业技能，才能在不同的生涯领域之间游刃有余。

兴趣与职业能力

生涯学者霍兰德提出的生涯兴趣类型中，各类型均有其相对应的能力特性，你不妨再次检定自己的职业技能是否与生涯兴趣相符合。如果符合，该类型可能是最适合你发展的生涯方向。如果不尽符合，你可以考虑在你有兴趣的领域中好好培养你的能力，或者在你擅长的领域中培养兴趣。

A 艺术型：能够执行需要艺术、创意、表达和直觉等技能的活动，以利用文字、动作、声音、颜色来传递美感、思想和情感。

S 社会型：能够执行需要和人群一起工作的活动，以便告知、启迪、协助、训练、发展或治疗他们。

E 企业型：能够执行需要说服、管理、监督和领导等技能的活动，以便获取某一机构的政治的、社会的或经济的利益。

C 传统型：能够执行需要注意细节、精确度和一些文书技能的活动，以便记录、编档，根据特别指示的程序来组织数字和语言的资料。

R 实际型：能够执行在处理物体、机械、工具、运动装备、植物或动物等方面需要机械能力、体力或协调力的活动。

I 研究型：能够执行需要观察、评估、理性思考和分析技能的活动，以便解决问题。

其他能力测验

下列是目前一般学校中实施的主要能力测验及其评测项目。请你的生涯咨询师或辅导老师协助你进行生涯能力测验，并将测验得分填写在下表中（见表 5–2）。

表 5–2　主要能力测验及其评测项目

学术性向测验		区分性向测验		通用性向测验	
测验项目	得分	测验项目	得分	测验项目	得分
英文用法		普通学习		普通学习	
数学用法		语文推理		语文	
社会阅读		数学能力		数学	
自然阅读		抽象推理		空间关系	
		文书速度及正确性		形式知觉	
		机械推理		文书知觉	
		空间关系		手眼协调	
		拼字		手指灵巧	
		语言用法		手工艺	

心的丝路

心理学家班杜拉曾将一个人对自身能力的信心，以及对完成特定行动目标或成就的信心，称为“自我效能”。自我效能感低的人在面对较为困难的任务时，经常会认为自己没有足够的能力将事情做好，而颓然放弃，无法坚持下去。

我们常会从过去的经验中学到对特定行为结果的期待，而影响到对自身能力的信心。经验是成功的，会对自己再度遭遇类似经验时的能力较具信心，于是更能全力以赴；经验是挫败的，则很难培养起对自身能力的信心，甚至会试图逃避再度经历类似的情境，而阻断了再度学习的机会。因此，我们为自己设定的生涯目标常只是反映了我们对自己在某方面能力的信心，不见得是自己真正拥有的能力或实际的表现水准。如果我一直不断地“告诉”自己，我缺乏在公众场合精彩演说的能力，一旦遇到公众场合，我就会紧张焦虑，眼神闪烁，声音颤抖，大概就没有机会成为知名的演说家了。

如果我“告诉”自己：我有能力做精彩的演说，只要我做好充分的准备；如果我尚未拥有有水准的表现，只是因为对陌生的环境有些许的不适应，或尚未做好充分的准备。那么，我仍然会愿意投注心力去学习如何做一场能赢得满堂彩的演说。

思考自己的能力时，不妨以正向的眼光看待自己尚未被完全开发的潜能，相信自己有能力做一些正向的改变，相信未来不只是不切实际的“梦想”，而是我们有能力去逐步达成的“理想”。

6 我的价值观

价值观问卷调研

我心目中的理想工作

明确工作目的

对理想生活状态的期待

描述你理想的职业生活

二十年前的年轻人谈到梦想，不外乎是“五子登科”——拥有银子、房子、车子、妻子、儿子。现在，随着经济的发展、社会的变迁，对年轻人而言，有些“子”已经可以提前获得（如车子），有些“子”不再像从前受到普遍的重视（如儿子）。

那么，现在的年轻人流行什么梦想？总有许多人说“钱多、事少、离家近”“位高、权重、责任轻”“睡觉睡到自然醒”——一个“只应天上有”的完美梦想，除了老板并不存在的职务。于是，任你在人间寻寻觅觅、蹉跎青春，也很难找寻到这么美好的差事。因为，一份待遇甚佳的工作通常要求投入较多的工作时间，担负的责任较重，而工作压力较大，是绝对不可能“睡觉睡到自然醒”的。所以，当你面临工作、职业或生活形态的选择时，必须明确自己最重视的究竟是什么。

心理学家鲍丁主张工作可提供个人内在需求的满足，个人是通过工作上的表现来寻求个人的意义和价值，也在工作中致力于达成自我实现。因此，工作提供给你的满足心理需求目标物在你选择工作或职业时显得相当重要，这就形成了你的“生涯价值”。然而，个人看重的价值是从与社会环境的接触经验中学习得来的，你的生涯价值也反映了你所处的社会层次文化的团体生涯价值。舒伯认为一般人的生涯价值多与工作的特定层面有关，如收入、工作时间、升迁、助人机会、独立性、变异性、管理，等等。从事一份和生涯价值相符合的工作是达成满意生涯的必要条件。

现在，就让我们一起来探索你的生涯价值。

价值观问卷调研

这里提供一个评测生涯价值观的工具。请将下列每一组中的项目，依你选择职业或工作时考虑的重要性，在右边的栏中填入 1–5 的数字。

生涯价值观问卷 A

我很快能赚大钱		★
即使用我个人的时间，我也愿意做这份工作		●
我将为一家好公司和一位好老板工作		■
我的工作对别人而言将会真的有帮助		◆
我能以自己的步调做我自己的工作		▲

生涯价值观问卷 B

我盼望每天去上班		★
我知道我该做什么，并且做得很轻松		●
我会在我的工作岗位，成为一位真正的专家		■
我不会被占用太多时间		◆
如果认真工作，我可以获得加薪		▲

生涯价值观问卷 C

我可以在一家非常大的公司里获得一个固定的职位		★
我可以看见自己工作的成果		●
我工作时，不会有来自任何人的干扰		■
如果我认真工作，我能够晋升到高薪的职位		◆
即使我这份工作的薪水不是很高，我还是会做，因为我喜欢		▲

生涯价值观问卷 D

如果我工作做得完美，我会获得赞赏及认同		★
我可以当自己的主人		●
我会变得富有		■
我大部分的时间可以做有趣的事		◆
我有一笔优厚的退休金		▲

生涯价值观问卷 E

每一天我都可以决定自己要做什么		★
我做额外的工作，可以获得额外的报酬		●
我可以做我最想做的事		■
我会拥有良好的工作环境和公平公正的雇主		◆
我觉得把工作做得越来越好是一种挑战		▲

生涯价值观问卷 F

如果薪水高，我不喜欢的工作也会去做		★
我的工作对我而言，会是一种嗜好		●
我会受到完善的职前训练		■
我会在我的工作领域成为杰出的权威		◆
工作时，我可以自由地来来去去		▲

生涯价值观问卷 G

工作的乐趣让我忘记了时间		★
我不可能成为一名冗员		●
许多人会看到我工作的成果		■
我可以自己决定工作的内容和进度		◆
我可以享有高消费水准		▲

生涯价值观问卷 H

不管是生病或发生意外，我都可以获得补助		★
我可以充分地发挥自己的天赋		●
我可以自己决定每天的工作量		■
如果加班，我的薪水可以增加		◆
在公司里，我可以调职到其他有趣的部门		▲

生涯价值观问卷 J

我的工作对国家而言是宝贵的		★
我可以自行决定与谁一起工作		●
这家公司的利润，我可以分红		■
我会遇见与我兴趣类似的人		◆
我的工作中不需要克服任何困难		▲

生涯价值观问卷 K

我工作的成效会受到应有的评价，但不会受到监督		★
工作杰出时，可获得奖金		●
我的工作不会令人厌烦，或只是例行公事		■
我会相信同事之间的友谊		◆
我会升到一个令人尊敬的职位		▲

计分

1. 将你每一组所写的数字填入下面的框栏。数字必须与每一框栏的图形配合，如▲中的数字填入▲的框栏，●中的数字填入●的框栏。

2. 将每一列的数字加起来，结果填在后面总和那一栏。

3. 将你的总和排名，最高分为第一，次高分为第二，依次类推。

4. 排第一的是你认为在你的工作生涯中最重要的事。

A	B	C	D	E	F	G	H	J	K	总和	排名	
★	▲	◆	■	●	★	▲	◆	■	●			M
●	★	▲	◆	■	●	★	▲	◆	■			I
■	●	★	▲	◆	■	●	★	▲	◆			S
◆	■	●	★	▲	◆	■	●	★	▲			R
▲	◆	■	●	★	▲	◆	■	■	★			A

提示：

M 金钱：从事工作时，你优先考虑的是金钱。

I 兴趣：从事工作时，你优先考虑的是兴趣。

S 稳定：从事工作时，你优先考虑的是工作及未来的稳定。

R 自豪：你要一份能够充分发挥你能力的工作。

A 独立：你要一份能给予充分的独立自主的工作。

※ 现在，请你和朋友们分享并讨论你的生涯价值观。

* 我最为重视的生涯价值是

因为……

* 我最不重视的生涯价值是……

因为……

我心目中的理想工作

如果能够找到一份完全符合你的理想的工作，无疑是一件令人兴奋的事。即使完全符合理想的概率并不太高，但越是清楚自己追寻的理想，越能对自己的生涯选择感到满意。

仔细阅读下面提供的卡片上的叙述，勾选出九张你觉得较符合你理想工作的卡片。你也可以在空白的卡片上填写你的理想。接着，请你判断这九张卡片的相对重要性，依下图（见图 6–1）排列顺序，将你觉得最重要的排在第一个方格，最不重要的排在第九个方格。

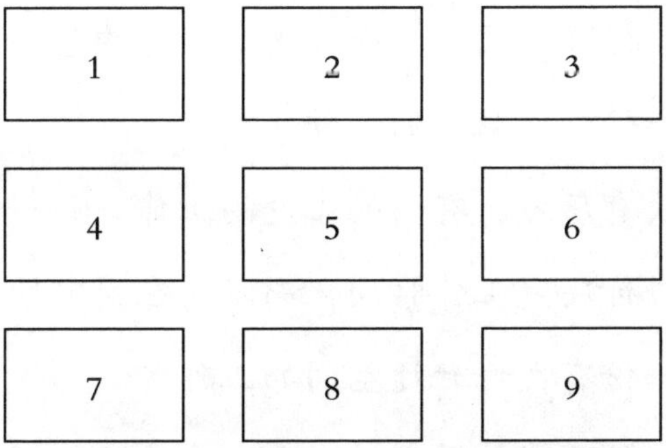

图 6–1　几张理想工作卡片排列顺序

现在，请你和朋友或同学们分享和讨论你对理想工作的期待是什么，为什么。

自豪 你想做令你骄傲的工作

安定 你要一份稳定的工作，它不易使你成为冗员

步调 你要一份可自己决定进度（可快、可慢）的工作

例行公事 你要一份大多数时间里做相同事情的工作

体力 你要一份需要体力的工作

团队 你要在工作中，你是团队的一分子

酬赏 你要人们欣赏你的工作

刺激 你要一份充满刺激的工作

单独 你宁可独自一人工作

金钱 你想要赚一大笔钱

冒险 你想要一份可冒险的工作

艺术 你喜爱包含绘画、设计、音乐、模型设计等的工作

兴趣 你要一份有趣的工作

沟通 你要一份可使用文字或言语来表达构想的工作

环境 你要一份环境很好的工作

挑战 你喜欢有压力、有新的难度的工作

自由 你要自行决定工作时间，而不愿在固定的时间工作

升迁 你要一份有良好升迁空间的工作

创意 你要一份可以构思新的观念、方法来处理事情的工作

平顺 你喜欢一份没什么压力的工作

变化 你想要做许多不同的事

地位 你要一份别人尊敬的工作

活力 你要一份活跃而不是整天枯坐的工作

助人 你要一份帮助他人的工作

明确工作目的

下列是 15 项一般人选择工作时秉持的价值观，反映了工作的目的和意义。在这些工作的目的和意义中，你最看重的是什么？请选出五项你认为最重要的工作目的，画上“○”号，并排出优先顺序。接着，再选出三项你认为最不重要的工作目的，画上“×”号（见表 6–1）。

表 6–1　一般人选择工作时的价值观

	生涯价值内涵	生涯价值
	01. 工作的目的和意义在于提供机会让个人为社会的福利尽一份心力，为大众谋福利	利他主义
	02. 工作的目的和意义在于致力于使这个世界更美好，增加艺术的气氛	美的追求
	03. 工作的目的和意义在于能让个人发明新事物，设计新产品，发展新观念	创造发明
	04. 工作的目的和意义在于提供了独立思考，学习与分析事理的机会	智性激发
	05. 工作的目的和意义在于允许个人以自己的方式或步调来进行，不受太多限制	独立自主
	06. 工作的目的和意义在于看到自己努力工作的具体成果，因此获得精神上的满足	成就满足
	07. 工作的目的或意义在于提高个人身份或名望，受到他人的推崇和尊重	声望地位
	08. 工作的目的和意义在于赋予个人权力来策划工作、分配工作且管理属下	管理权力

续表

	生涯价值内涵	生涯价值
	09. 工作的目的和意义在于获得优厚的报酬收入，使个人有能力购置他想要的东西	经济报酬
	10. 工作的目的和意义在于提供安定生活的保障，即使经济不景气，也不受影响	安全稳定
	11. 工作要在不冷、不热、不吵、不脏的舒适环境中进行	工作环境
	12. 工作的目的和意义在于与主管平等且融洽相处，获得赏识	上司关系
	13. 工作的目的和意义在于与志同道合的伙伴一起愉快地工作	同事关系
	14. 工作的目的和意义在于多彩多姿，富有变化，能尝试不同的工作内容	多样变化
	15. 工作的目的和意义在于选择自己的生活方式，并实现自己的理想	生活方式

现在，请你和朋友或同学们分享和讨论你的生涯价值观。

★我最为重视的工作的目的和意义是……

因为……

★我最不重视的工作的目的和意义是……

因为……

对理想生活状态的期待

每个人在工作的余暇时间，都有他偏好的生活方式，和工作的性质、时间、收入、社会地位与交往对象等息息相关。请仔细判断下列各项有关生活方式的叙述对你的重要性，并请在适当的空格上打“○”（见表6–2）。想想看，你偏好的生活方式和你的生涯价值有什么关系？什么样的工作或职业，可以让你拥有你偏好的生活方式？

表 6–2　理想生活状态偏好

生活形态选项	非常重要	普通重要	不重要
01. 和父母同住家中			
02. 住在郊区			
03. 住在休闲活动中心附近			
04. 住在文化中心附近			
05. 住在工作地点附近			
06. 住在稳定安全的环境中			
07. 工作即生活			
08. 常可以花钱购物			
09. 经常出国旅行			
10. 拥有许多不动产			
11. 拥有许多钱或股票			

续表

生活形态选项	非常重要	普通重要	不重要
12. 拥有名牌汽车和衣饰			
13. 参与政治活动			
14. 参与社区或公益活动			
15. 常有时间独处			
16. 有时间陪伴家人			
17. 有时间休闲娱乐			
18. 经常和朋友聚会			
19. 常有夜间的娱乐活动			
20. 常有进修机会			

描述你理想的职业生活

在你探索过自己的生涯价值观和理想的生活方式之后，现在要请你将这些有用的信息整理起来，看看你的生涯梦想有着什么样的内涵。

——你想做什么性质的工作？

——在什么地方工作？

——和什么人一起工作？

——每天工作的时间如何分配？

——每天工作的内容如何规划？

——收入如何？

——社会地位如何？

——能提供给你些什么你需要的东西？

——工作的发展前景如何？

※ 请用 150~200 个字描述你理想中的职业生活。

心的丝路

我曾经在一次生涯价值的自我剖析中诧异地发现：我考虑从事的职业大多是收入稳定、有良好社会地位、能独立掌握工作进度、具挑战性、有较多学习成长机会的职业。这意味着什么?

在不断地自我询问之后，我恍然大悟：收入稳定的职业保障了起码的生存需求，提供给我较充分的经济安全感。从事具有良好社会地位的职业，能受到他人的敬重和肯定，亦体现自己对社会有大用。独立自主的工作较能不受他人的约束和限制，不必听从权威人物的指示。挑战性高的工作较能体现自己的能力，带来较大的成就感。有学习成长机会的职业能促使自己不断进步，肯定自己的潜能，进而实现潜能。

原来，我最为重视的生涯价值——反映了我内在的心理需求，而这些心理需求似乎与心理学家马斯洛提出的“生理、安全、爱与归属、尊重、自我实现”等心理需求阶层不谋而合。这些心理需求反映在了我对职业的选择上。这么说来，我们对工作的薪资期待是因为在现代社会中，唯有金钱能够购买足够的生活所需物品，建造不受天灾人祸威胁的安全的生活环境；我们对社会赞许或地位的期待是因为无论何时何地，我们都需要来自他人的关爱和肯定。当这些需求充分得到了满足，我们才能通过工作表现来肯定自己，致力于发挥最大的潜能。

如果另一位心理学家罗杰斯的观察是对的，自我实现是一个连续不断的历程，那么，我就不必勉强要求自己在一时一地都要表现得最好。我只需充分准备，认真踏实地工作与学习，坚定期待明天的自己会比今天的自己更好，拥有更广博的知识与丰富的内涵。我相信，能时时观察到今日的自己比昨日的自己进步是人生最大的福气。

7 树立自己的风格

人生是一个取舍的过程

选择的艺术

从取舍看个人风格

决定风格评量

做决定是人类成长的重要里程碑之一。随着年龄渐长，我们需要学会安排自己的生活，为一生中的一些重大事件做决定，如交友、考试、升学、就业、婚姻、政治、宗教及其他许多重要事件。甚至，我们每天都须为一些生活琐事做决定，如穿衣、吃饭、看书、看电视、度假及其他休闲娱乐活动的选择。

根据职业生涯学者哈瑞恩的观察，大部分人的决定风格可归纳为理性型、直觉型、依赖型三类。“理性型”通常会系统地搜集充分的相关信息，且逻辑地检视各个可能选项的利弊得失，以做出最满意的决定。“直觉型”通常较关注个人在特定情境中的情绪和感受，做决定全凭感觉，较为冲动，很少能系统地搜集相关信息。“依赖型”倾向于等待或依赖他人为他搜集信息并做决定，较为被动而顺从，亟须获得他人的赞许，对自己的决定能力缺乏信心。丁克赖吉则进一步归纳了八种决策的类型：冲动型、宿命型、顺从型、延宕型、直觉型、麻痹型、犹豫型、计划型等。

你不妨先自我评估一下，你做决定时，通常是属于哪一型。对于日常生活琐事的决定风格是否不同于重大事件的决定风格？为什么会有所不同？你满意自己的决定风格吗？如果不满意，你希望如何改变？接下来，就让我们一起来探索你的决定风格。

人生是一个取舍的过程

下列是一些你在日常生活中可能会遭遇的选择，请在每一组提供的两个选项间勾选出你比较喜爱的项目，在后面的空格中打“√”。并在每一待选主题的最后的空栏中填入指示的字母之一：“E”表示容易做的选择，“D”表示难以做的选择（见表 7–1）。

表 7–1　日常生活中可能遭遇的选择

主题	选项 A		选项 B		E/D
早餐	火腿 / 蛋		麦片粥 / 吐司		
晚餐	猪排		乳酪蛋卷		
运动	足球		橄榄球		
旅行	火车		游览车		
颜色	绿色		蓝色		
运动	网球		棒球		
甜点	巧克力		薄荷糖		
休闲	溜冰		迪斯科		
鞋子	马靴		短靴		
音乐	古典音乐		摇滚乐		
电影	泰坦尼克号		碟中谍		
度假	巴厘岛		新加坡		

续表

主题	选项 A		选项 B		E/D
放学后	学术课程		职业训练		
毕业后	升学		就业		
汽车	雷诺		福特		
住所	独栋房子		公寓		
投资	基金		活期存款		
理财	支票		信用卡		
酒	白葡萄酒		红葡萄酒		
交友					
婚姻					
职业					

※ 注意那些有“E”记号的答案，解释为何那些答案对你而言容易做决定。

※ 注意那些有“D”记号的答案，解释为何那些答案对你而言难以做决定。

※ 当面对一个选择时，你是如何决定该做什么的？

选择的艺术

请先阅读下面的“剧情”——

时间：最近的未来——2025 年

地点：海图上未载明的岛屿

情况：有一架飞机坠落在这个岛上，侥幸存活的旅客中有下列八个人

一位诺贝尔和平奖得主

一位医生

一位社会学家

一位神父（或牧师）

一位怀孕八个月的妇女

一位诗人

一位总统（政治家）

一位原子物理学家

任务 1

如果你是一架小飞机的驾驶员，正好发现了这些幸存者。但是你只能载一个乘客，只有几秒钟让你做决定，你要选哪一个?

任务 2

现在再读一次剧情，这一次你的任务是将你认为社会最需要的人载离这个岛屿，你会带走谁？

任务 3

现在你的任务是决定七个人要留在这个岛上，建立一个崭新的社会。这一群人不需要包含哪一个？

※ 在任务 1 中，你选了孕妇吗？如果“是”，你的理由是什么？

※ 很可能你和大多数人一样，做了相同的选择。这个决定可以称为“情感的”决定。为什么会这样？

※ 在任务 2 中，你选择现今社会最需要的人是谁？对于这个选择，你有什么理由？

※ 在任务 3 中，你认为建立新社会最不需要的人是谁？对于这个选择，你有什么理由？

※ 你在任务 1、2、3 中的答案是相同的吗？为什么会不同？

※ 你不可能发现自己处在如剧情描述的那种情况，而且在你们的讨论中，你可能会发现自己不能立刻做出很好的决定。试着解释为什么不能。

※ 你对这个问题的答案应该能帮助你确认做决定的过程的一个重要部分。考虑下列的议题：

◆你被要求决定什么？

◆你有什么选择？

※ 这里还有一些线索可以帮助你做决定——

◆哪一种医生？什么样的医生？

◆它是哪一种岛屿？金银岛？

◆岛上还有没有其他人？野人？

※ 你还需要知道什么剧情中没有提到的事？

※ 那么，你认为做出一个理性的决定的过程中，最基本的要素是什么？

从取舍看个人风格

如你所知道的，“取得信息”和“搜集事实”是理性决定过程中的基本要素。当面临必须做出决定的任务时，我们需要先搜集充分的信息，包括情境、条件、对象、结果等，再做出较为理性而明智的决定。

因此，就如荒岛上的飞机驾驶员，当考虑的条件或情境改变时，做出的决定也会有所不同。而考虑各项条件或情境的理性决定的结果，必然不同于未充分考虑任何条件或情境之下的冲动性决定（如任务 1）。

你通常是如何做决定的？请举出最近生活中两至三个做决定的实例，试着归纳出这些决定的共通特性，综合说明你的决定风格。

最近生活中做决定的实例有：

1.

2.

3.

4.

5.

综合来看，这三个做决定的实例，有些共同特性：

决定风格评量

以下所列的各项陈述是一般人在处理日常事务及做生涯决定时的态度、习惯及行为方式。请评测每一项陈述与你的实际情形的符合程度（见表 7–2）。

表 7–2 处理日常事务需做出的生涯决定（符合 / 不符合）

01	我常仓促做草率的判断	□	□	★
02	我常凭一时冲动行事	□	□	★
03	我经常改变我所做的决定	□	□	★
04	做决定之前，我从未做任何准备，也未分析可能的结果	□	□	★
05	我常不经慎重思考就做决定	□	□	★
06	我喜欢凭直觉做事	□	□	★
07	我做事时不喜欢自己出主意	□	□	●
08	做事时我喜欢有人在旁边，以随时商量	□	□	●
09	发现别人的看法与我不同，我便不知该怎么办	□	□	●
10	我很容易受别人意见的影响	□	□	●
11	在父母、师长或亲友催促我做决定之前，我并不打算做任何决定	□	□	●
12	我常让父母、师长或亲友来为我做决定	□	□	●
13	碰到难做决定的事情，我就把它摆在一边	□	□	▲
14	遇到需要做决定时，我就紧张不安	□	□	▲
15	我做事总是东想西想，下不了决心	□	□	▲
16	我觉得做决定是一件痛苦的事	□	□	▲
17	为了避免做决定的痛苦，我现在并不想做决定	□	□	▲
18	我处理事情经常会犹豫不决	□	□	▲
19	我会多方搜集做决定所必需的一些个人及环境的资料	□	□	■

续表

20	我会权衡各项可选择方案的利弊得失，判断出此时此地最好的选择	□	□	■
21	我会参考其他人的意见，再斟酌自己的情况，做出最适合自己的决定	□	□	■
22	我会权衡各项可选择方案的利弊得失，判断出此时此地最好的选择	□	□	■
23	我会参考其他人的意见，再斟酌自己的情况，做出最适合自己的决定	□	□	■
24	经过深思熟虑，我会明确决定一项最佳的方案	□	□	■
25	当已经决定了选择的方案，我会展开必要的准备行动并全力以赴做好它	□	□	■

★冲动直觉型

●依赖型

▲逃避犹豫型

■理性型

※ 哈瑞恩分析一般人的决定风格有下列三大类型（见表 7–3）：

表 7–3　哈瑞恩分析的三大类型

决定类型	说明
1. 理性型	系统地搜集充分的相关信息，且逻辑地检视各个可能选项的利弊得失，以做成最满意的决定
2. 直觉型	较关注个人在特定情境中的情绪和感受，做决定全凭感觉，较为冲动，很少能系统地搜集相关信息
3. 依赖型	等待或依赖他人为他搜集信息且做决定，较为被动而顺从，亟须获得他人的赞许，对自己的决定能力缺乏信心

※ 丁克赖吉则将人们做决定的风格归纳为八个类型（见表 7–4）：

表 7–4 丁克赖吉归纳的八个类型

决定类型	说明	行为特征	好处
1. 冲动型	决定的过程基于冲动，决定者选择第一个遇上的选择方案，立即反应	先做了再说，以后再想后果	不必花时间搜集资料
2. 宿命型	决定者知道做决定的需要，但自己不愿做决定，把决定的权力交给命运或别人，认为做什么选择都是一样的	船到桥头自然直。天塌下来会有大个子顶着。反正时也、运也、命也	减少冲突，不必自己负责任
3. 顺从型	自己想做决定，但是无法坚持已见，常会屈服于权威者的指示和决定	如果你说好，我就好	维持表面和谐
4. 延迟型	知道问题所在，但经常迟迟不做决定，或者到最后一刻才做决定	急什么？明天再说吧	延长做决定的时间
5. 直觉型	根据感觉而非思考来做决定。只考虑自己想要的，不在乎外在的因素	嗯，感觉还不错，就这么决定了	比较简单省事
6. 麻痹型	害怕做决定的结果，也不愿负责，选择麻痹自己来逃避做决定	我知道该怎么做，可是我办不到	可以暂时不做决定
7. 犹豫型	选择的项目太多，无法从中做出取舍，经常处于挣扎的状态，下不了决心	我绝不能轻易决定，万一选错了，那就惨了	搜集充分、完整的资料
8. 计划型	做决定时会倾听自己内心的声音，也考虑外在环境的要求，以做出适当且明智的决定	一切操之在我。我是命运的主宰，是自己的主人	主动积极，面对问题，解决问题

* 我的决定风格类型是：

* 因为

心的丝路

有一天中午，我正在公交车站等车，一个开车经过的朋友见到我，停了下来。因为去的方向不同，他不能载我一程，但是好心地拿出两个他刚从超市买来的三明治，说他吃不了两个，要我一定要拿一个当午餐。我望着那两个新鲜、诱人的三明治，一个夹着鳕鱼，一个夹着培根，不知该如何选择。于是，我请他先选一个他喜欢吃的留下，我就理所当然“选”另一个。结果，他还是坚持要我先选，因为他说任何一个他都喜欢。

这时，我迟疑了，担心其中一个三明治可能是他的晚餐，若是被我拿走了，他的晚餐岂不是没了着落。听说了我的担心，他笑得灿烂。他坦承晚餐已和朋友有约，之所以一口气买了两个三明治，因为他站在三明治柜前端详许久，仍无法决定要买哪一个，只好两个全要了。遇见我，像是遇见了从天而降，帮他解围的救星。

鱼与熊掌兼得是许多凡夫俗子对幸福的期盼。然而，世事总难如此美好。不是取了熊掌，顾不了鱼，就是拥有两者，恐怕也无福消受。当获得的多于需求的，取舍之间都是烦恼。因此，如何抉择才是决定幸福与否的关键。冲动性决定常会让自己后悔莫及。

等待奇迹、依赖他人，只能解决暂时的问题，问题仍然存在。累积的决定压力会让自己更感到焦虑不安、张皇失措，于是更进退失据，犹豫不决。而犹豫不决又给自己造成莫大的压力，只好等待奇迹，依赖上帝。

其实，当面临选择时，眼前的任何选项必然有得有失、有优有缺。（优缺差距过于悬殊，就不需要选择了。）若能理智地认清世事皆无十全十美的事实，只需权衡利弊得失，渐增理性决定的功力，逐渐培养出理性决定的风格。

理性决定，即是慎思、明辨、笃行的决定。仔细思考、分析各个选项的利弊得失，辨认出对自己最重要的优点，选择拥有该项优点最大比例的选项，接纳该选项可能会有的缺失，最后坚持不懈地付诸行动。

选择，不只是风格问题，更是一项亟待培养的能力。

8

自信是成功的基石

故事二则
羞涩和退缩有因可查
自信缘于充分的准备
理性的生涯想法
心灵程序设计师

每个人都有参加高考的经验吧？假使落榜了，会怎么样呢？如果你的看法是“落榜了将来一定找不到好工作”“落榜证明我很笨”“我的未来没有希望”“人家会瞧不起我”……你把落榜看成一个致命伤，以为自己完蛋了，人生变成悲剧，你可能会非常沮丧、忧愁，再也提不起奋斗的勇气。但是，落榜真的会找不到好工作，未来没有希望，被人瞧不起吗？你会发现并不是如此，这只是你的假设、你的想象，而这个想象是夸大的、不正确的、使自己适应不良的，甚至是个迷信。

事实上，高考落榜只是表示你准备不周、不够用心，或是你的能力不在这个方面，你仍然可以吸取教训，全力以赴，或尝试在其他领域发展，相信能找到合适的生涯岗位，成就一番事业，未来仍然充满着希望。如果你把落榜看成一次考验、一次转机，才能以愉快的心情，勇敢向未来挑战。

“胜败乃兵家常事”是现实中存在的事实，我们每个人都戴着自己的眼镜来看待胜与败的局面，胜败就有了不同的意义。这副眼镜就是我们的看法或想法。塞翁失马，焉知非福。最妨碍自己的，与其说是原来的不幸，不如说是对不幸事件的想法，扰乱了生活，妨碍了成长，破坏了心理上的宁静，终于使我们裹足不前，提不起行动的勇气。

譬如，当我们坐在公交车上，看到一位老人上车，站在自己身边，你的脑海中可能闪过许多想法：“这么老了，恐怕站不稳吧，我让座给他好了”“可是我也站好久了，才刚坐下，脚还酸得很，坐一会儿吧”“让座给老弱病残是应该的，如果我不让，太不应该了”“也许有别人会让座，我还是坐吧”你瞧，让与不让之间，脑电波已经千回百折了。即使最后决定让座，选择“同情”的可能毅然决然，心中充满助人的快乐；选择“应该”的可能不情不愿，自认倒霉，也许一整天为此懊恼不已。至于不让座的，也有“满不在乎型”和“天人交战型”，两者的心情也会差之千里。

想法真是一副奇妙的眼镜，通过镜片上的凸透镜或凹透镜，我们看到的世界变幻着许多面貌。

美国文豪爱默生说：“一个人便是他整天想着要做的那一种人。”看似拗口，实则充满令人玩味的深意。如果你整天告诉自己“我要成为成功的企业家”，你一定会找到克服困难的方法。如果你整天以否定、消极的信念给自己催眠，“我口才不好、容易脸红……”，就没有多余的空间来改变现状了。

现在让我们一起来深入探索，当面临生涯抉择的问题时，你会有哪些影响你做决定的想法，这些想法如何影响你的决定。

故事二则

请仔细阅读两则生涯抉择的故事，和你的朋友或同学们一起讨论，故事中的主人公有哪些不适应的生涯想法。

一、苦恼的志坚

一位徘徊于大学窄门外的青年志坚非常沮丧、懊恼。因为他是家中长子，父母望子成龙的心情极为殷切，对他的期望甚高，而他也一直以优异的表现不让父母失望。直到高二分科时，情形有了些许的改变。父亲希望他选读理科，好继承衣钵，他只好在不愿违逆父亲心意的情形下，选择了既无兴趣、基础也不佳的理科。结果经过一年焚膏继晷的苦熬，仍然在高考关卡上败下阵来，使他初尝落榜的挫败滋味。

他对自己竟然在学业生涯中最重要的一次考试名落孙山，心中惶愧至极。但是他不愿如此轻易地认输，他下定决心翌年卷土重来，一雪前耻。然而他非常犹豫，到底是继续报考理科，或是改考文科。

他想，如果再花一年的时间好好准备理科的科目，相信第二年可以考取，但不一定考得上理想的学校和专业，就读后恐怕也无法发挥特长，很可能继续饱尝事倍功半之苦。另一方面，他从小非常钦佩一些出类拔萃的外交官，梦想自己有朝一日也能成为外交界的尖兵，在谈判桌上纵横捭阖。然而，他担心自己的资质不高，性情不活跃，羞涩，木讷，口才不佳，反应也不够灵敏，与一般人心中的外交官形象相距甚远。所以，他也很难判断改考文科是否合适。究竟他应如何抉择？这个困境令他十分苦恼。

二、沮丧的素娟

有一位年轻女孩素娟，初中毕业后为了负担家计，已经在社会上工作了十年。直到最近，她看见许多和她一般大的青年，无论是学业或事业，都有相当的成就，她越来越感到自己学历太低，升迁无望，对自己似乎永远无所作为的现状感到相当的沮丧。

但是，不愿向命运低头的想法像是潜伏在心中的洪流一般日渐蠢动，她好希望挣脱学历的枷锁，有朝一日像那些硕士、博士般扬眉吐气，受到别人的重视。这个念头在她心中翻腾好久，总是没有任何行动。

她担心自己的程度太低了，英文、数学一窍不通，根本考不取大专学校。而且，她实在太久没念书了，恐怕没办法适应学校生活。何况，家计仍是一个沉重的负担，如果她全心念书，恐怕经济上会后继无力。她也怕别人会笑她痴心妄想、做白日梦，始终不敢和亲友商量这件事。

好几次她都决定放弃继续升学的念头，觉得自己简直是痴人说梦，可她仍不甘心，难道一辈子都翻不了身了？

※你能辨认出故事（一）中的志坚有哪些不适应的生涯想法吗？请写下来，和你的朋友或同学一起讨论。

*志坚的不适应生涯想法：

1.

2.

3.

※你能辨认出故事（二）中的素娟有哪些不适应的生涯想法吗？请写下来，和你的朋友或同学一起讨论。

*素娟的不适应生涯想法：

1.

2.

3.

羞涩和退缩有因可查

有位即将从学校毕业的青年，在他所学的商业经营科目上取得了优异的成绩。他希望毕业后能接触实际的商业经营事务，但是他非常害怕在陌生人面前开口说话，因为他认为自己的口才太差，容易脸红，而且没有引人注意的相貌。他相当忧虑自己无法在商业经营上有杰出的表现，甚至怀疑自己是否应该从商。于是，他像迷途的羔羊迷失在生涯的十字路口。

你知道是什么原因使这位成绩优异的年轻人在生涯的道路上举足不定吗？是他不断向自己重复，努力使自己相信的一些生涯信念——“口才不佳、没有引人注目的外表，就无法在商业上有所成就”。反过来说，也就是“只有辩才无碍、相貌堂堂的人是杰出的商业人才”。而他“口才不好、容易脸红、相貌平平”，无法有杰出的表现。他为工作设定了一个必要条件，因为自己不满足条件而裹足不前。阻碍自己进行有效生涯抉择的信念被称为“不适应生涯决定信念”。

事实上，我们多在某种程度上受到潜藏于内心深处的否定或不适应信念的催眠，使自己相信这些信念是真实的。否定信念对我们的情绪与行为产生的影响，就像催眠师加诸被催眠者心中的否定暗示作用。譬如，当一位举重选手听到催眠师说“现在你不能从桌上举起一支铅笔”，尽管他平时能很轻易地将数百磅的重量高举过头，现在却真的连一支铅笔都举不起来了。否定的暗示使他打败了自己，以致无法发挥出原有的力量。

究竟哪些不适应生涯决定信念经常给我们催眠，给予我们否定的暗示，使我们无法有效或适应良好的决定自己的生涯方向？根据生涯规划师米歇尔的归纳，共包括四类个人认知系统的“以偏概全”的情况：

一、自我观察方面

1. 有关个人价值

如：“我必须要受人尊重。”

“我应该让其他人感到满意。”

2. 有关兴趣

如：“我讨厌看到血，所以我不会是个好医生。”

3. 有关工作能力的信心

如：“因为我没有足够的聪明才智，不能从事专业性的工作。”

二、世界观方面

1. 有关工作的性质

如：“会计是一种单调乏味的工作。”

2. 有关工作的条件

如：“所有做律师的人都是自信且自我肯定的。

三、决定的方法与结果方面

1. 方法

如：“总有人可以了解我，然后帮我做更好的决定。”

2. 结果

如：“一旦我选择了某个职业，我必须永远固守岗位。”

四、满意的生涯所需条件方面

1. 他人的期待

如：“如果我在事业上没有做出一番成就，我的父母会非常失望。”

2. 自己的标准

如：“我必须成为某个职业领域的专家或领导者，才算是成功的生涯。”

想想看，你是否也有类似的一些以偏概全的想法？你正受到哪些不适应生涯决定信念的催眠？如果你的生涯观是以偏概全或适应不良，会导致什么样的后果？试着回想你面对生涯决定问题时的一些想法，将可能带给你苦恼、挫折的不适应生涯信念记录下来（见表 8–1）。

表 8–1　苦恼、挫折不适应生涯信念记录

我的不适应生涯信念	可能导致的后果
一、自我观察方面	
二、世界观方面	
三、决定方法方面	
四、决定结果方面	

自信缘于充分的准备

你是否希望做某件事、希望自己在某方面有杰出的表现，却又常常浮现一些不适应的想法："我做不到""那是不可能的""又没办法"……使你的心情消极颓丧，以致畏缩不前？如果你很想根除这些对你的行为、心情产生不良影响的想法，那么，学习问一问自己：这是"什么""怎么会这样想？"，以及"为什么"……

"为什么认为自己做不到？"

"为什么认为不可能？"

"为什么我会有这个想法？"

然后，再问一问自己下列几个问题：

1. 这个想法是以事实为根据，还是以假设或错误结论为根据呢？它是真的吗？
2. 这个想法是否有合理的证据？
3. 这个想法是否导致自己犯下某些错误？
4. 在同样情况下，他人的想法是否与我相同？
5. 如果没有理由想念它，为什么我还要继续这样想？
6. 是否有其他较合理性的想法？
7. 这些较合理性的想法是什么

你得动一动脑筋，用心思考，为自己找出一些合理的答案。这样，才不至于受不适应想法的蒙骗，使自己“信以为真”而错估了自己，贬低了自己，行动也受到束缚。

请依据下表中提供的问题，逐一验证你的不适应生涯信念，试着提出较合理且符合实际情况的想法。

1. 我要验证的想法是……
2. 我如何找证据来验证我的想法？
3. 支持我想法的证据是……
4. 不能支持我想法的证据是……
5. 较合理且符合实际情况的替代想法是……
6. 如果我能以较合理的想法来思考，我会……

理性的生涯想法

故事一　苦恼的志坚

阻碍生涯决定的想法	假设－验证	合理性想法
1. 只有依照父母的心意去做，才不会让父母失望。（我的生涯决定必须让父母感到满意）	真有这么严重吗?	父母的心意有时并不适合自己的兴趣、能力，很难让父母和自己都满意
2. 落榜是一件耻辱	真是这样吗?	胜败乃兵家常事，并非耻辱
3. 一定要考上理想的学校、专业，才能令人满意	理想的就一定会满意吗?	即使不理想，仍可以努力取得一番成就
4. 即使再花一年时间好好准备理科的科目，也不见得能考取理想的学校	真的吗?	只要愿意全力以赴，仍有机会考取理想的学校
5. 理想的专业必须能发挥特长，否则一定事倍功半	如何发挥特长?	宜考虑自己的特长，但仍可在其他方面有所发挥
6. 外交官应该要性情活跃、口才极佳、反应灵敏，而我羞涩木讷、口才不佳、反应迟钝，所以不适合当外交官	一定要有这些条件吗? 可以训练吗?	有些外交官并不完全符合这些条件，何况我可以通过学习、训练弥补不足、弥补缺失

故事二　沮丧的素娟

阻碍生涯决定的想法	假设－验证	合理性想法
1. 学历太低，升迁无望，似乎永远无所作为	学历低就不会有成就吗?	行行出状元，可在其他方面取得成就。
2. 如果安于现状，就永无翻身之日	现状不可能改善吗?	现状不会维持到永远
3. 只有硕士、博士才能扬眉吐气，受人尊重	没有高学历就不会受人尊重吗?	实力比学历更加受人尊重
4. 英文、数学一窍不通，不可能考上大学	英文、数学真的没办法补救吗?	可加倍努力学习英文、数学
5. 太久没念书，不能适应学校生活	习惯无法改变吗?	任何一种生活都需要慢慢适应
6. 如果念书，经济上会有困难	实际上真是如此吗?	念书并不表示将工作全盘放弃
7. 别人一定会笑我痴心妄想	别人一定会笑你吗?	或许有人会笑我，但也一定会有人肯定我的努力

心灵程序设计师

有一位老婆婆经常哭泣，她不但下雨时哭，晴天也哭，左邻右舍都唤她“哭婆”。有一天来了一位老和尚，忍不住好奇地问：“老婆婆，你为什么哭呢？”老婆婆含着眼泪，伤心地说：“我有两个女儿，大女儿嫁给卖雨伞的，小女儿嫁给卖面条的。天气好的日子，我就想到大女儿的雨伞一定卖不出去。下雨了，我就想到小女儿店里做的面条没有阳光曝晒。我总是非常担心啊！”老和尚听完，笑着说：“你只要把想法改一改，就不必哭泣了。晴天时，你应想到小女儿的面条店会生意兴隆；雨天时，你可以想大女儿的雨伞一定卖得很好。这不是很令人愉快的事吗？”老婆婆听了恍然大悟。从此好哭的婆婆再也不哭了，无论晴天、雨天总是笑嘻嘻的，人家也就改口喊她“笑婆”了。

你是“哭婆”还是“笑婆”呢？下雨或天晴并不是老婆婆可以左右的，她却可以有不同的想法，心情也就由哭变笑。

听过到非洲卖鞋的故事吧？两位经营鞋业的商人计划到非洲发展市场，于是两人相约到非洲的部落做商务考察，结果发现非洲人竟然是不穿鞋的。甲商人见到这种情形，感到相当沮丧，心想：“这地方大家都不穿鞋，不可能有生意的。”于是他急忙收拾行李打道回府。乙商人却觉得相当兴奋，他想：“这是一块待开发的处女地。只要有计划地宣传、推广，一定可以大展宏图。”他花了几年时间努力开发当地的鞋业市场，成为受人敬重的大富翁。

你瞧， 一个乐观、积极而理性的想法可以使人将沮丧的心情变为愉快的，从而精神抖擞、勇往直前。

甲、乙都因车祸而身体残障。甲一天到晚忧郁、自卑、牢骚满腹，相信自己残障的模样会受人轻视，没有人会喜欢他，也找不到好的工作。他只好躲在家里怨天尤人、愤世嫉俗。乙也沮丧过，但有一天他想通了，虽然失去了肢体上的能力非常可惜，但是他知道自己不只有这种能力，还有许许多多的能力等着他去发挥。如果因为肢体上的缺陷而埋没了自己，就因小失大，浪费了一生。于是他振作起来，接纳自己，使危机变成成长的机会，终于在另一方面发展了他的特长，取得了令人刮目相看的成就，别人相当尊重他，生活多姿多彩。

甲、乙二人遭遇了同样的事情，但他们对境遇的看法不同，判断不同，导致完全两样的情绪，采取不同的行动，结果也就大相径庭了。

你有过攀爬荒山的经验吗？如果远远瞥见一条粗大的蟒蛇吐信而来，你会有什么反应呢？生理上，可能会心跳加速、呼吸急促，情绪上，恐惧、紧张、害怕排山倒海涌上心头。有的人吓得手脚发软，有的人拔足狂奔。是什么决定了我们的行为反应？很多人认为行为反应要归因于“情绪”。激发情绪反应的又是什么？是“想法”，即由外界收集讯息、鉴别、决定输出反应的“认知系统”。情绪只是一个结果。也就是说，我们只是根据自己“认为”“相信”“假设”“想象”的环境做出反应。即使事实只是一条粗草绳，如果我们“相信”是蟒蛇，相应的情绪和行为反应必然接踵而至。

倘若将人脑比喻成电脑，我们每个人是操作电脑的程序设计师。认知系统以它特殊的程序选取外界环境中的许多讯息，输入电脑；再以它特殊的程序操作资讯，形成结论或解释；最后输出反应——情绪反应或行为反应。

事件或现象 → 想法、信念、假设、解释 → 情绪、行为

我们的认知系统通常是先知觉到一种刺激情境，然后以自认为真实的情况，为心灵设计程序。这一点决定了我们的心灵历程和我们的行为，而心灵历程和行为又决定了认知系统如何知觉下一个情境。环环相衍下来，我们植入脑中的程序常常只是“自认为”的真实，却和现实有了一段距离。

所以，我们的行动和感觉并不依循事物本来的面貌，而是依照我们对事物抱持的想法和信念。我们对自己、现实世界和周遭的人，都会产生特定的想法，一切表现以自认为的真相和现实为依据，而非以事物本身代表的现实为依据。想法不同，经验或感受随之改变。如果我们对自己或外在环境的观念和意象是扭曲的、不真实的，我们的一切反应随之扭曲。

譬如，假如我们认为自己的遭遇真是倒霉、不幸，我们的心情也会痛苦、忧郁，甚至感到人生乏味，所有的行为朝向一个悲剧性的结果。一切困扰、烦恼、痛苦并非来自事件或环境本身，而是来自我们对环境的看法、对事件的想法。就像塞翁失马，幸与不幸全在一念之间。

由于人具有主动观察、选取和反应外界讯息的能力，心理学家凯利和贝克认为，每个人都可以成为一位熟练的科学家，他会对他接触到的现象或事物进行观察，形成假设，这个假设就是我们的想法。想法既然是假设性的，有必要从多方面寻找客观证据来验证其是否合于现实，是不是真的。如果很多证据显示假设是正确的，我们才能肯定它的真实性；否则，我们应以验证的结果来修正假设，甚至放弃原来错误的假设，提出另一个较为合理的假设，再加以验证，才能获得有效的结论。

事件或现象→ 提出假设→ 验证→ 修正假设→结论

经过科学验证的过程，我们才能以客观的心灵程序来处理环境中的讯息，减少许多不必要的错误与困扰。我们经常在证据不足的情况下，做出主观的判断，就好比摸象的盲人一般。如果我们的心是盲的，即使我们“看”到，只不过是象的鼻子、耳朵、牙、脚、尾巴等局部，我们却轻易地以为那就是象，于是产生种种的误解——看到象牙的，也许被它锐利的模样吓得半死，以为象一定非常凶狠，再也不敢接近象了。当我们只从一个偏差的角度去看某件事情，很容易“钻牛角尖”“想不开”，或是像哭婆一样郁郁寡欢，或是像甲一样裹足不前。

所以我们必须效法科学家，使心与脑保持源头活水的灵动，从更宽广的角度去找寻客观的事实证据，让思想翱翔于开阔的空间，而不是局限在旧有的框框中。

有一次，坦山和尚与道友走上一条泥浆路，天上下着大雨。他俩在拐弯处遇到一位漂亮的女郎，因为身着绸布衣裳，无法渡过那条泥路。坦山见了，毫不犹豫地抱起女郎跨过泥路。女郎道谢离开了。道友一直满腹狐疑却闷声不响，直到天黑寄宿，才按捺不住地询问坦山：“我们出家人不近女色，特别是年轻貌美的女子，你为什么那样做？”坦山答道：“你说那个女子，我早就把她放下了，你还抱着吗？”

女子原本只是女子，换一种角度来看，她就不是阻碍和尚修行的孽障，反而是心中时刻记挂女子的人才会使思想困在牢笼中。

思想，它有翅膀。乘着思想的翅膀，海阔天空任你翱翔！从一朵花中可以观看世界，从一粒沙中可以想见天堂。

9

我的成长环境

台湾特有的行职业

台湾十大热门行业

搜集职业资讯的方法

评估职业的方法

搜集职业资讯——求职广告大搜索

搜集职业资讯——网络资源

搜集职业资讯——资深工作者访谈

撰写人物专访报告

搜集职业资讯——实际接触

俗话说“三百六十行，行行出状元”，浩瀚的工作世界包罗万象，各类不同的行业有不同的工作内容和工作方式。即使是同一类职业中，也因工作层次与责任的高低之分，要求的条件、资格有很大的差异。

在中国台湾“劳工委员会职业训练局”出版的《行职业展望》中，“行业”一词是指经济活动部门的种类，而“职业”指工作者个人担任的职务或工作。比如，工、商、农林渔牧、公教、军警是“行业”，“会计师”的“职业”则可能分布于各种不同的行业中。

有关工作世界和职业的资讯，一般包括三个层面：(1)资讯的类型，如对职业的描述、工作条件或薪水等；（2）职业分类系统，以某个分类系统归纳千万种职业；（3）职业要求的特质和条件。

在职业资讯方面，个人应搜集许多不同发行来源的职业资讯，包括政府单位出版的官方文件，专业组织或出版社出版的手册、书籍、职业百科等，以视听媒体或先进的科技形式出版的职业资讯，如录音带、录影带、微缩片、电脑辅助资讯系统等。

在职业分类方面，中国台湾“劳委会职训局”出版的《职业简介》中提供了两种分类方式。一为“标准分类”，按个人从事的有酬工作，将其性质相似或相近者分别归类，并做有系统的排列；二为“通俗分类”，按人们熟悉且通用的原则分类。所列举的各项职业简介包括了下列内容：概说、工作环境、工作时间及待遇、所需资格条件、教育与训练、未来展望。

由美国学院测验计划（American College Testing Program,ACT）于1985年发展出来的“工作世界地图”（World-of-WorkMap）（见图9-1），近年来普遍被应用于生涯选择的辅导工作中。其分类的双主轴是“资料－思维”和“事物－人群”，由此区分出四个主要的分类象限，归纳出十二个工作族群：

1. 零售、直销工作

2. 管理、计划工作

3. 出纳、簿记工作

4. 文书、秘书工作

5. 办公事物、机械工作

6. 建筑机械工作

7. 工程及应用工学

8. 自然科学及数学

9. 应用艺术（视觉）

10. 医药及医药工程

11. 应用艺术（语文）

12. 教育与社会科学

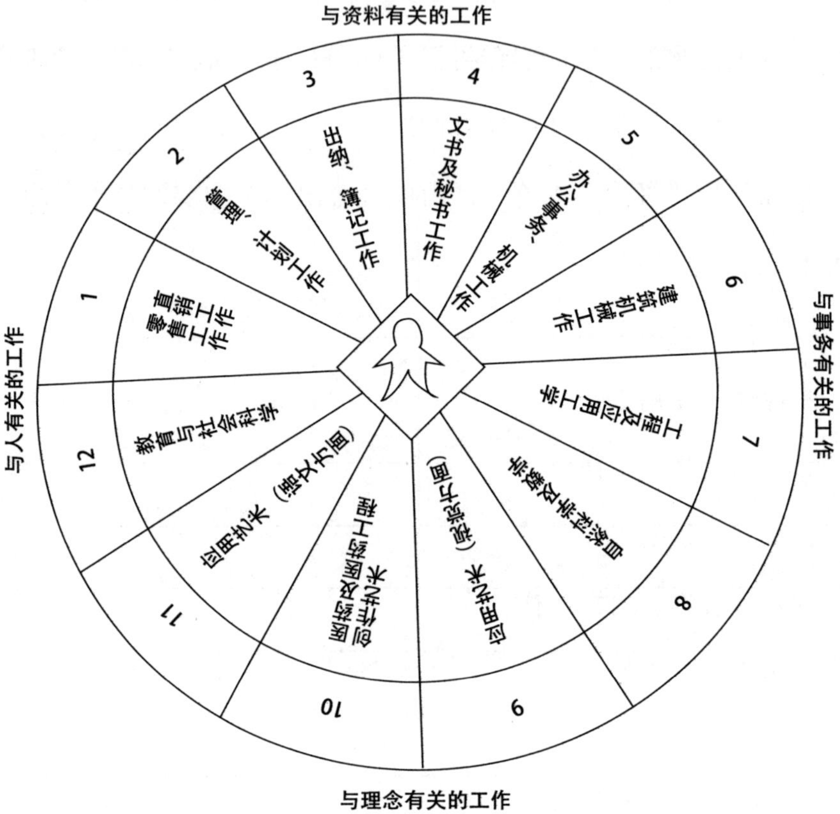

图 9–1　工作世界地图

此外，如网络 104 人力银行为了掌握产业人力需求的动态，将整体产业分为七大部门，依其受求职者欢迎的程度排序为：资讯科技业、商业流通业、传统制造业、金融工商服务业、媒体文教业、不动产相关业、餐旅医药业。这些行职业的分类是初步了解工作世界的不二法门。

台湾特有的行职业

许多人在一起共同生活一段较长的时间之后，就会发展出该地区特有的“文化”表征，可能形成该地区人群共同的风俗、习惯、语言、生活方式、行为规范、宗教信仰等；也可能形成该地区特有的职业类型和工作方式。因此，每一个社会都存在一些不同于其他社会的独特的行业或职业。有些随着时代的演进而逐渐失传，甚至销声匿迹，有些则仍然在社会中发挥着影响力。

如果有一位初次来到中国台湾的外国朋友，好奇地向你询问哪些是台湾本土特有的行业或职业，你会如何向他说明这些行职业是什么，在做什么，为什么会有这些行职业的产生，这些行职业是如何演变的？

请和你的朋友或同学们一起搜集相关资料，来回答这些问题（见表 9–1）。尝试在这些台湾本土特有的行职业中，找出至少一项是你的条件或教育背景可以胜任的工作。

表 9–1 台湾本土特有行职业

	台湾独特行业	工作内容	如何产生？	如何演变？
1				
2				
3				
4				
5				

台湾十大热门行业

依据网络104人力银行对2000年整体产业中各行业新增工作数的排名分析，提供最多工作数的前十名分别为：电子零件业、进出口贸易、网际网络业、电脑周边业、半导体业、光电通信器材业、软体业、百货零售业、塑化纺织业、金融证券产险业。这些行业求才若渴，为中国台湾社会创造了不少就业机会。整体而言，在科技高度发达且迅速发展的21世纪，最热门的行业大多与资讯科技高度相关。

然而，20年前社会的就业形势恐怕和今日社会有相当大的差异，而根据专家的预期，未来十年的科技发展会更加日新月异，未来社会的就业形势可能会和当前的就业形势迥然不同。

请和你的朋友或同学一起搜集当前就业形势的最新资料，并比较当前的热门行业和过去十年、未来十年有哪些不同（见表9–2）。

表9–2　台湾本土特有行职业

21世纪00年代热门行业	21世纪10年代热门行业	21世纪20年代热门行业
1	1	1
2	2	2
3	3	3
4	4	4
5	5	5
6	6	6

搜集职业资讯的方法

如果你很希望知道某一项看起来很吸引人的职业究竟在做什么，如何工作，你会用哪些方法找出你想要的资讯呢？请和你的朋友或同学一起讨论，将想到的方法记录下来。

职业名称：

书面资料方面

网络资源方面

机构参观方面

生涯访谈方面

实际接触方面

评估职业的方法

面对五花八门的工作世界，包罗万象的职业类别，你还需要依据一些方法来评估职业的各个层面或工作性质是否符合你的需要，或是你的各方面条件是否符合该职业的需要。

PLACE 通常可以用来作为评估职业的指标。

P：指职位或职务（Position），包括该职位的经常性任务、需担负的责任、工作层次等。

L：指工作地点（Location），包括地理位置、环境状况、室内或户外、都市或乡村、工作地点的变化、安全性等。

A：指升迁状况（Advancement），包括工作的升迁渠道、升迁速度、工作稳定性、工作保障等。

C：指雇用情形（Condition of employment），包括薪水、福利、进修机会、工作时间、休假情形及特殊雇用规定等。

E: 指雇用条件（Entry requirements），包括所需的教育程度、执照、训练、经验、能力、人格特质等条件。

以某一项吸引你的职业或“心理咨询工作者”为例，试着评估该项职业的各个层面。如果你并不十分清楚职业的这些层面，显然你需要投入更多心力，从多元渠道探索。

搜集职业资讯——求职广告大搜索

翻开每天报纸的求才、求职广告栏，各式各样的大小广告简直令人眼花缭乱，不知该从何搜寻真正适合自己的职业。假设你目前服务于民间的职业介绍所，你会如何帮求职的人找工作呢？

请试着从一叠报纸的求职广告中，帮志坚、素娟和你自己找个好工作吧。

搜集职业资讯——网络资源

电脑科技高度发达，各类资讯在网络社会中的交流相当频繁而密切。因此，你需要的职业资讯也可以从网络上搜寻，也许会有意想不到的收获。

请通过网络的搜索引擎，搜索和某一项吸引你的职业或“心理咨询工作者”相关的网站和未来可能雇用该类工作者的相关机构或单位，并了解其工作的内容和其他可用于评估职业的相关资讯。

职业名称：

* 相关网站

* 相关机构或单位

* 工作内容或任务

* 其他相关职业资讯

搜集职业资讯——资深工作者访谈

一旦充分阅读了有关职业的书面叙述，须找一至数位从事该职业的资深工作者谈谈，一方面可印证搜集到的职业资讯的可靠性和有效性，另一方面更深入地了解工作者从事该职业的生涯抉择和经验，以作为审视自身是否投入该职业的重要参考。此外，如果访谈地点为其工作场所，更可实际观察其工作情形、应对进退等，以评估自己对该职业的喜好或适合程度。所以，生涯人物访谈是搜集职业资讯不可或缺的重要方法，可一举而数得。

请通过朋友介绍或毛遂自荐，安排一位从事你感兴趣的职业的资深工作者或有至少三年工作经验的工作者，很礼貌地告诉他，你对他的职业很感兴趣，希望更进一步了解该职业的相关资讯和他从事该职业的心得、经验，请他安排半个小时至一个小时的空档，让你到他的工作场所拜访他。

在正式访问之前，你需要列出一张访谈问题清单，如：

表 9–3 访谈问题清单

职业资讯方面	生涯经验方面
1. 工作性质、任务或内容	1. 教育或培训背景
2. 工作环境、就业地点	2. 投入该职业的抉择
3. 所需的教育、培训或经验	3. 生涯发展历程

续表

职业资讯方面	生涯经验方面
4. 所需的个人资格、技巧和能力	4. 工作经验、心得：乐趣和困难
5. 收入或薪资范围、福利	5. 对工作的看法
6. 工作时间和生活形态	6. 获得成功的条件
7. 相关职业和就业机会	7. 未来生涯规划
8. 进修和升迁机会	8. 对后进者的建议
9. 组织文化和规范	9. 未来展望

撰写人物专访报告

请将你的人物访谈经过、搜集到的资料和心得，整理撰写成“人物专访报告”（见图 9–2），和你的朋友或同学一起分享你们各自的收获和心得。

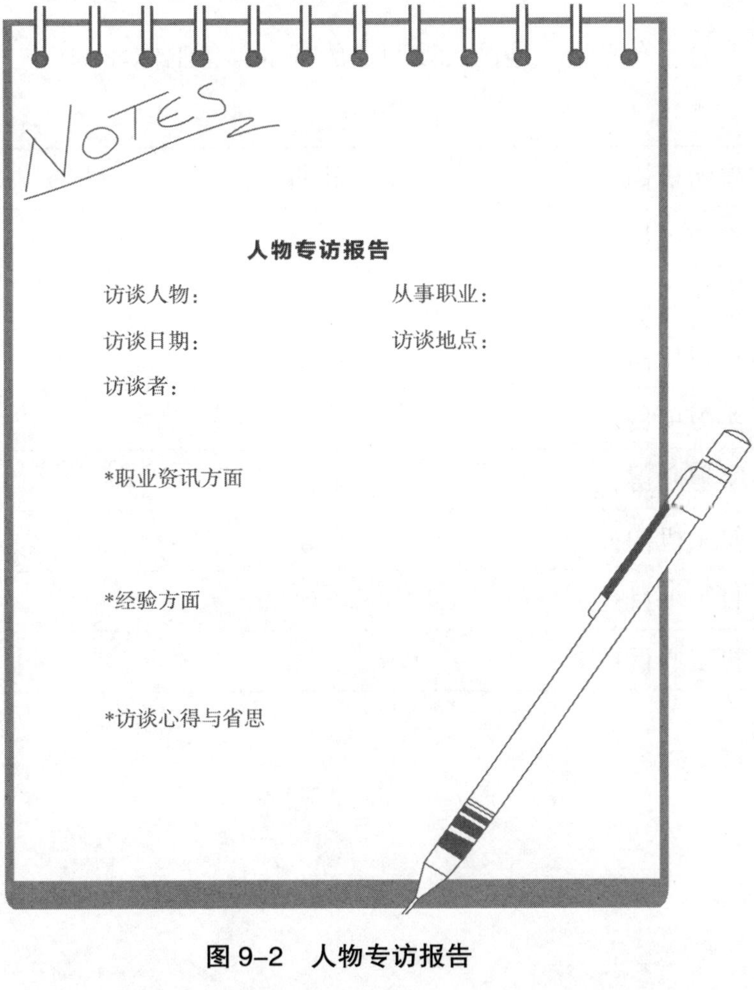

图 9–2　人物专访报告

搜集职业资讯——实际接触

阅读有关某一职业的简介说明，和从事该职业的资深工作者请教，是搜集生涯相关资讯的两个重要途径。但是，如果你想要更明确地了解某项职业的实际工作情况，那么，为自己安排一些实地参访、实习或打工的工作经验，是投入该职业的基本预备工作。

参访机构：	日期：
参访项目：	
参访心得：	
实习机构：	日期：
实习项目：	
实习心得：	
打工机构：	日期：
打工项目：	
打工心得：	

10

家庭期望值

家族职业谱

家族的职业价值观

赢取家庭对你的支持

共通点——与父母职业沟通的起点

表达想法与沟通协调

生于斯，长于斯的青年学子们大多背负着沉重的家庭期待与社会压力。懵懂无知的孩提时代，父母、师长就不断地告诫我们要“好好念书”，将来才有机会“出人头地”。社会中处处弥漫着“万般皆下品，唯有读书高”的价值，为人父母基于“望子成龙，望女成凤”的深切期盼，更是斤斤计较子女在学校中的课业成绩。对于青年学子而言，在求学过程中，似乎再也没有比“读书”更重要的事了。

而读书的目的何在？对许多“望子成龙”的父母而言，为的是子女将来能够“成大功，立大业”，好“光耀门楣”。换句话说，父母要求子女读好书的最终目的，不外是借学历、文凭找到一个有机会光耀门楣的“好职业”，让父母感觉到相当“有面子”，甚至“鱼跃龙门”，跻身上流社会。社会中借着读书的机会“向上提升”的集体潜意识缔造了“文凭至上”的社会价值。连日死背苦读，大考小考不断，磨炼成考试的机器，只为了在高考的竞技场上取得高分，进入人人称羡的好学校。

然而，进入好学校的青年学子经常感到茫然失措，不知如何自处。习惯于权威式与标准答案式的教学更使得青年学子的独立思考与创意表达受到严重压抑和束缚，而无法弹性应对危机、解决问题。因为，许多青年学子在成长过程中从没有机会学习独立思考问题，表达想法，沟通意见，归纳分析，做出决定，解决问题。而这些能力是成为一个独立的个体必备的条件。

因此，在你已经充分认识自我、了解工作世界的现实之后，接下来，你需要学习如何了解父母及他人的想法和期待，思考并评估这些来自他人的期待和你对自我的期待有什么异同，理清并表达你自己的想法，真诚地和父母及他人进行充分的沟通，取得彼此的协调和共识，才能一方面忠于自己内在的声音、一方面争取到父母的支持和信赖。事实上，习得了这一连串思考、表达、沟通、协调的态度与技巧，亦为你未来在职业生涯中的杰出表现奠定了扎实的基础。

于是，我们可以谨记赫曼·赫赛的名言：

> 千万种诱惑使我们无法实现自我，而其中最大的障碍是我们在潜意识中不愿意忠于自己，我们以理想或社会规范来要求自己，而这些外在的标准，实际上我们无法企及，也不需企及。

家庭职业谱

就像族谱可以追溯你的根源一样，通过家族职业谱，你更能明白父母对你未来从事职业的期待，很可能是代代相传的家族企业，也可能是继承衣钵。当然，也可能是因为家族中成员的职业较不被父母看重，对你从事“好”职业的期待特别深。

除了你的父母之外，你知道其他的家族成员目前都在做些什么工作吗？他们做过哪些工作或职业？在你父亲这一边的家族中——也许是你已经去世的爷爷或叔公——做过一些什么工作或职业？母亲那边的祖先如何呢（见图 10–1）？

如果你并不是很清楚这些家族轶事，你需要向你的父亲或母亲询问，或者直接打电话或发信息向亲友询问，将家族职业谱的珍贵资料一一记录下来。

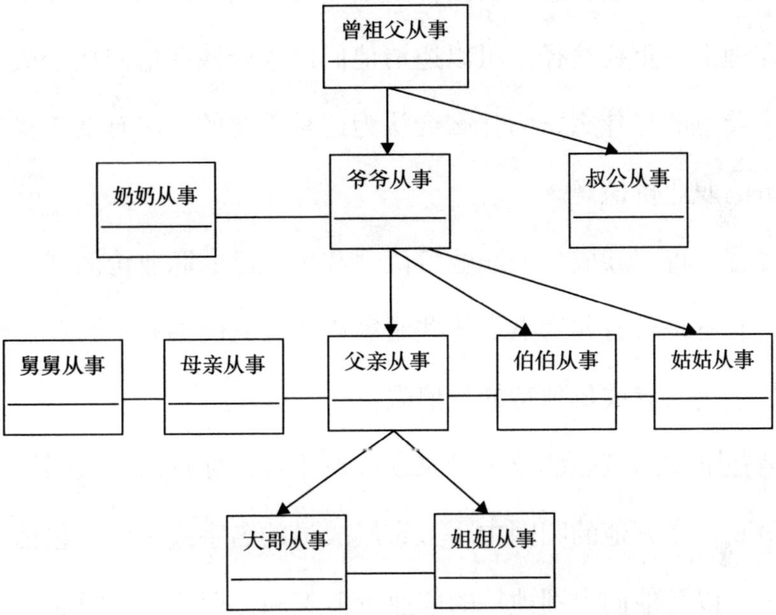

图 10-1　家族职业谱

家庭的职业价值观

家族中的成员会选择从事某一些工作或职业，父母会期待你从事某一些工作或职业，有他们选择或偏好的理由。询问“为什么”可能是获知理由的重要途径。可以邀请他们深入谈谈在他们从事或偏好的职业中看重的是什么，为什么会认为这是重要的，应有助于整理出家族成员的职业价值观。

接着，将家族成员的职业价值观和你自己的职业价值观加以比对分析，看看是否有共通点。哪些是家族成员共同拥有的职业价值观？哪些是个别家族成员独特的价值观？

请在下图的核心部分记录家族成员（包括你自己）共同拥有的职业价值观。在其他的圆圈中写上家族成员的名字或称谓（包括父亲或母亲），以及他们个别独特的职业价值观和他们从事的职业。

10 家庭期望值

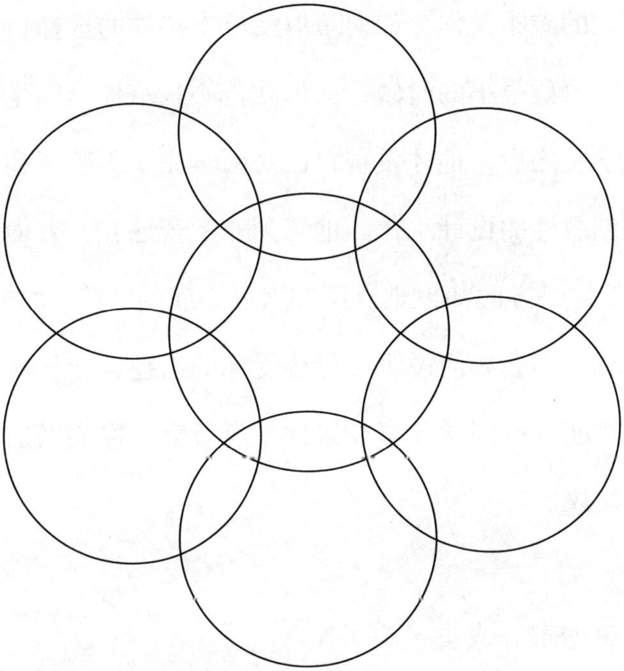

赢取家庭对你的支持

也许你已发现父母希望你将来有机会从事的职业和你自己偏好的职业有着莫大的差距，你会如何争取父母支持你的选择？

例如，从唐毅很小的时候，父母就苦心栽培他当医生，但是好不容易念了医学院之后，他才发现自己对医学完全不感兴趣，真正吸引他的是富有创意性的设计工作。他感到非常苦恼，一方面不忍心违背父母的意愿，另一方面却也难以压抑来自心底的呼唤。如果你是唐毅，你会如何做呢？你会如何说服父母接受你的兴趣，让你转换生涯的跑道？请和你的朋友或同学分享如果你是唐毅会采取的做法，以及你提供给唐毅的建议。

如果我是唐毅，我会……

我提供给唐毅的建议是……

共通点——与父母职业沟通的起点

这时，了解父母的职业价值观就显得异常重要。也许唐毅的父母栽培他当医生，是因为传统上医生是“高收入”“高社会地位”“受人敬重”的社会顶尖人物。如果你也接受这些价值观，不妨想想从事什么样的设计工作，也能满足“高收入”“高社会地位”“受人敬重”的要求。找出你和父母都可以接受的共通点是和父母有效沟通的绝佳起点（见表 10–1）。

表 10–1　与父母职业沟通的起点

	我对自己的看法	父亲对我的看法	母亲对我的看法
个性特质			
生涯兴趣			
生涯技能			
生涯价值			

价值观的异中求同，目的在于找出彼此相容或接受的“最大公约数”，作为沟通的起点。其他与生涯选择有关的资讯亦可作为了解自己和父母观点之异同的重要基础。如果你尚未得知父母对你的看法，不妨直接地询问或委婉地旁敲侧击（见表 10–2）。

表 10–2　了解父母和自己职业价值观异同

	我希望自己成为	父亲希望我成为	母亲希望我成为
生涯目标			
因为			

表达想法与沟通协调

了解了父母及家族成员对职业的重要观点或价值判断，理清了这些观点与你自己想法的异与同，接下来该是向父母表达你的想法的时候了。

首先，你必须将到目前为止你搜集到的所有资讯再度浏览一次，记下其中的重点。接着，找一个风和日丽的星期天，主动邀请父母谈谈天。不妨先帮父母做一些让他们感到满意、愉快的事。当气氛逐渐和谐了起来，你可以先起个头，告诉父母你了解他们希望你选择××职业的原因或价值观，而这些可能也是你希望在你的职业生涯中达成的。只是，你对父母期待你从事的职业缺乏兴趣，你需要的是一个可以让你感兴趣、让你专心致志、全力以赴的职业，你才会有更大的机会实现父母和你自己的愿望。

向对方表达“同理的了解”是沟通上无往不利的武器，可以和对方建立和谐而良好的关系，而明确、果断的表达是让人了解你的想法的最佳方式。“同理”是在了解了对方的观点之后，适当地向对方表达你的理解，你可以尝试用“我知道你希望我……”或是“对于我……让你感到……”的方式来表达同理的了解。“果决”则是真诚、坦率而态度谦和地说出你心中真实的想法，不逃避也不挑衅。

表达的态度当然是坦诚、尊重与诚恳。表达的目的则在于“沟通”你的想法和对方的想法，并不必然要在短时间内“说服”对方放弃他的想法，接受你的想法。因此，“沟通”不等于“说服”，必须留给双方充分的时间去修正原有“固若金汤”的观点。逐步修正观点，趋于一致并取得共识，即是“协调”的历程。

你准备好了吗？请依据下列提示，为自己安排一场和父母沟通的练习。你为自己的表现打几分，结果如何？

表达、沟通与协调

1. 准备相关自我资讯和生涯资讯
2. 热身：建立和谐而良好的关系
3. 对父母的观点表达同理的了解
4. 明确、果断地表达自己的想法
5. 积极倾听父母的回应
6. 对父母的回应表达同理的了解
7. 找出可以达成共识的基础点
8. 立足在共识的基础点上做部分妥协或进一步沟通

别忘了，父母长期以来深信不疑的观念绝不是一朝一夕形成的，也不会在一朝一夕间发生太大的改变。唯有你明确地知道自己真正“要”什么，对自己的抉择有充分的信心，通过实践行动让父母肯定你的努力和表现，同时适度地修正自己以创造“双赢”的局面，父母和家人终会成为你生涯发展历程中最大的助力。

11

理性选择 果断决定

学会自我评估

找到适合自己的学习方法

收集资料

分析选择的理由

适当听听别人的建议

进一步检验自己的决定

理性决定六步骤

想好了就要果断决定

推荐一种工具：生涯选择方格

你理想中的目标是什么

在了解自己、认识工作世界且和家庭充分沟通之后，你需将所有相关的、多元层面的资讯统合起来，以便确定自己生涯规划的目标与方向。

生涯选择与决定的关键在于“博学、慎思、明辨、笃行”。“博学”指面对人生选择时，要先能广博地学习，了解并充分掌握各方面的资讯。“慎思”指当资讯搜集齐全且能充分掌握之后，必须对多元化的资讯进行谨慎地思辨，分析利弊得失。在“叩其两端而竭焉”，权衡出轻重后，即须“明辨”——做出明确的选择和决定。最后，坚定地“笃行”历经谨慎思考、判断之后的决定，绝不轻言放弃或半途而废。

然而，并不是每个人都可以成功地做出决定。临事犹豫不决、踌躇不安的例子比比皆是。如果一个人思虑过度周密，不断地来回考虑各个可能的选项，他很可能会遭遇无法做出决定的难题。尤其当多元层面的资讯或想法彼此矛盾时，更会让犹豫不决的人感到非常惶恐，无法从中确立真正的目标或做出有效的决定。

因此，本章试图由学校中选修科目的选择历程，来练习如何做出有效的选择和决定。利用“生涯决定平衡单”及“生涯选择方格”汇整面临生涯选择时，所有可能的资讯或想法，一一加以评量分析，协助你更清楚自己的核心人生想法和你对“理想人生”最深切的期待。这些单元活动将有助于你确立理想的人生目标。

学会自我评估

在学校中，你可能有较多机会选择你有兴趣选修的科目或课程。面对学校或专业提供的琳琅满目的选修科目，你通常都是如何做出决定的？请根据下列各栏提示的项目，对自己做初步的评估。

1. 特别的爱好：

2. 我乐于选修的科目：

3. 特别的厌恶：

4. 我想避免选修的科目——我的理由是：

5. 特殊才能：

6. 时间的安排和管理：

7. 对学校功课的忧虑或关心，如考试：

8. 综合来看，适合我的选修科目是？

我的理由是：

找到适合自己的学习方法

每个人都有适合自己的学习方法，有自己最佳的学习蓝图。当你做决定时，你必须了解什么方式适合你，才能做出适当的决定。

想象你的老师必须教你关于弗莱明发现盘尼西林的事，你必须知道它是如何被发现的、与发现它有关的事情、它的重要性和它目前在药物中的地位。

※ 你比较喜欢你的老师使用下列哪一种方法教你？

1. 在课堂上告诉学生所有的细节，要学生背出来。
2. 要求学生读教科书中所有的细节和内容。
3. 要求学生阅读弗莱明的个人日记，试着从中发现资料。
4. 要求学生利用图书馆研究课题，请教别人，然后：
   * 写一篇短文
   * 对班上同学报告
   * 与班上的一群同学表演一出戏剧
   * 在墙上展示一系列插图来叙述这项发现
5. 观赏有关这项发现的电视节目。

※ 你比较喜欢哪种类型的家庭作业？请在你的选择后面打钩。

实用的制作、准备东西等		阅读论文或资料	
短文写作 a）利用真实的资料		方案企划	
短文写作 b）创意的、有想象力的写作		图表设计	
为准备考试而读书		特定的练习	

收集资料

接下来，请借助一些资讯搜集的方法，搜集你正在考虑的每个科目的资讯。

科目：	成绩表	课程表
评分的方法及分数分配的比例	作业	考试
课程大纲		
家庭作业		
最常用的学习 / 教学方式是什么？（例如：实操、阅读）		
为了能充分学习这个科目，需要做好什么？（例如：独立工作、细心、敏锐处理数字）		
需要的知识和技巧		
帮助发展的技巧		
有关联的其他科目		
任何其他的资讯？例如：访问、其他学生研读这个科目的说法		
与这个科目直接相关的专业生涯领域		

分析选择的理由

选择一个科目有种种不同的理由，有些是理智的，有些不是。请仔细想想下列提供的理由，指出它是否是理智的（见表 11–1）。

表 11–1　分析选修科目的理由

选修科目的理由	理智	不理智
我最好的朋友正在读这一科	○	○
有人告诉我这一科很容易	○	○
这一科很有趣	○	○
我擅长这一科	○	○
这一科的任课老师是本校最好的	○	○
我未来的工作可能需要这一科的相关知识	○	○
我的学姐为了文凭选读它，拿到了甲等	○	○
这一科很少有手写的作业	○	○
我喜欢这一科	○	○
我不喜欢其他可选择的科目	○	○
我父母说我应该选读这一科	○	○
它会是一门有用的科目	○	○

* 你认为选择科目时，最重要的理由是什么？

适当听听别人的建议

许多人会对你选读的科目或选择的目标提供建议。你认为该听信谁的建议？你如何评估他们的建议？

下表中列出的是一些经常会给你提供建议的人，请你评估其建议是否有偏见或有用（见表 11–2）。

表 11–2 一些经常会给你提供建议的人

提供建议的人	偏见	无偏见	有用	理性	有见识
兄弟 / 姐妹	○	○	○	○	○
任课老师	○	○	○	○	○
生涯规划老师	○	○	○	○	○
父母 / 监护人	○	○	○	○	○
辅导老师	○	○	○	○	○
班级导师	○	○	○	○	○
学生会会长	○	○	○	○	○
最好的朋友	○	○	○	○	○
男 / 女朋友	○	○	○	○	○
其他人	○	○	○	○	○

请将这些人依照你会听信其建议的程度排顺序（1 表示你最愿意接受这个人的建议），记录他们曾提供给你的建议（见表 11–3）。

表 11–3

提供建议的人	所提供的建议
1	
2	
3	
4	
5	
6	
7	
8	
9	
10	

进一步检验自己的决定

当你认为你已经做好了决定，试着问自己一些问题来检验你的选择。

我的选择将使我有机会获得最好的成绩吗？

我要公开我的选择吗？

我能应付得来课业吗？

我的选择，学校有排课吗？

我的导师／生涯规划老师认为我的决定合理吗？

如果我知道开始课程之前，这位老师即将离校，我是否依然选择这个科目？

我对我的决定感到满意吗？

这些问题的答案如果大部分为“是”，恭喜你做了理性的选择。如果大部分答的是“否”，你需要谨慎地思考如何做更好的选择。

* 想象你是该选修科目的老师，你会给自己什么样的建议？

理性决定六步骤

综合来说，有系统地做决定，可以提供给你仔细思考决定选修科目的有效方法，帮助你做出理性、明智的决定。你可以依据下表中（见表 11–4）的提示，逐一回答问题，并和你的朋友或同学一起分享和讨论你的答案。

表 11–4　思考决定选修科目的有效方法

考虑主题： 你必须思考什么？	你正被要求去做的决定是什么？ 你可拥有哪些选择？ 你必须选修多少科目？ 你能选修多少科目？
获得资讯： 什么样的资讯？ 在哪里获得？	你学校有提供选修科目指南吗？ 图书馆中可获得哪些资讯？
利用资讯： 如何利用这些资讯？	关于不同的科目，你必须懂哪些？ 有任何全新的课程吗？ 你可以使用哪些读书方法？ 关于你自己，你必须知道些什么？
征询建议： 谁可给予建议？	与各科老师、导师、辅导老师、父母及你感兴趣行业的从业人员谈谈。
评估并决定： 什么将会影响你的决定？	做一个特定的选择，它的优缺点各是什么？ 某些科目与你的人生选择有关联吗？如果有，是哪些？
讨论结果： 你如何达成决定？	根据你学校的课表，你的选择有可能实现吗？ 你给过自己最好的机会，来获得最高的成绩及均衡的课程吗？你感到快乐或担忧？

想好了就要果断决定

当你能理性、明智地做出选修科目的决定，熟知做决定的步骤和方法，你是否能进一步尝试为自己未来的职业生涯做出理性的决定？请和你的朋友或同学们分享你的生涯决定历程（见表 11–5）。

表 11–5　分享你的生涯决定历程

考虑主题： 你必须思考什么？	
获得资讯： 什么样的资讯？ 在哪里获得？	
利用资讯： 如何利用这些资讯？	
征询建议： 谁可给予建议？	
评估并决定： 什么将会影响你的决定？	
讨论结果： 你如何达成决定？	

推荐一种工具：生涯选择方格

“生涯选择方格”是用来探索和了解你面临生涯选择时想法的一项有用工具（见图 11–1）。

在这份方格中，你必须列出一些可能或不可能从事的生涯选项。然后，比较或对照你列出的选择，探索你的一些“生涯想法”。你的生涯想法呈现你自己用来判断生涯选择的方式，它们是由你生涯发展历程中的独特经验形成的，这些想法仍在持续地发展变化之中。所以，你的许多生涯想法是独特的，可能不同于其他人的。

我们在日常生活中常会发现不同的人，即使面对相同的经验或现实，却会依据个人的不同想法而衍生出不同的方式来建构经验或现实，这是“生涯选择方格”依据的理论。因此，你用以考虑或判断潜在生涯选项的想法或理论，可能包含你对自己的了解和看法，如自我的兴趣、性格、能力、价值和特质等，你对他人期待和社会规范的认知和觉察，你对工作世界的认识和展望。

“生涯选择方格”的目的即有系统地协助你理清多元面向的生涯想法或理论，依据这些想法来判断或评估你的理想生涯，使你更有信心地为自己设定理想的生涯目标，作为引领你规划人生发展方向的标杆。

任务1 列举生涯选项

在本生涯方格中，你的“生涯选项”是指你在完成你需要的教育准备或训练之后，想要去做的某项特定“工作”（如工程师、业务员、中学教师、个人工作者……）或“职业”（如工程、贸易、公教、家庭管理……）。

现在，请你假想“未来一至五年”或“完成你需要的教育或训练”之后，你可能或不可能去做的工作或职业（包括任何有薪或无薪的工作名称）。请你将想到的生涯选项，填写在下列的空格中（一次一个不同的选项）。

* 你可能考虑去做，或你想过会去做的两项工作或职业。

* 你不会考虑去做，或你想过不会去做的两项工作或职业。

* 你做过，或你的父母亲友做过，或任何其他你熟悉的工作或职业。

任务 2 列举生涯想法

*请你从列出的六个生涯选项中，依照 123、456、134、256、135、246 的顺序，抽取出三个，进行每三个生涯选项的比较。

*仔细想想看，在这三个生涯选项中，有哪两项工作在某一方面是相似的，而这个相似点正好不同于第三项工作。请将这一组包含“相似点”和“相异点”的生涯想法填写在空白“生涯选择方格”的生涯想法栏内。

任务 3 评定生涯选项

将这一组二分性的生涯想法，转换为一个五点量表。

相似点　　　　　　　　　　相异点

5　　4　　3　　2　　1

5 非常接近“相似点”

4 有些接近“相似点”

3 接近中点

2 有些接近“相似点”

1 非常接近“相异点”

*利用这一组生涯想法的五点量表，来评定你列出的每一个生涯选项，以及你对“理想生涯”的期望水准。

例如：

相似点 5 4	1 中学教师	2 公务员	3 业务员	4 甲	5 乙	6 丙	7 理想生涯	相异点 2 1
A. 工作时间固定	4	5	1	2	3	5	4	工作时间不固定
B.								

姓名：　　　　　　　　　　　　　　　　　　　　日期：

生 涯 选 择 方 格

相似点 5　　　4	1	2	3	4	5	6	7 理想生涯	相异点 2　　　1
A								
B								
C								
D								
E								
F								
G								
H								
I								
J								
K								
L								
M								

图 11–1　生涯选择方格

你理想中的目标是什么？

现在请你仔细审视“生涯选择方格”中，你对“理想生涯”的期望水准，描绘出你期望的“理想生涯”的轮廓应该具备哪些特质或条件（见图 11–2）。

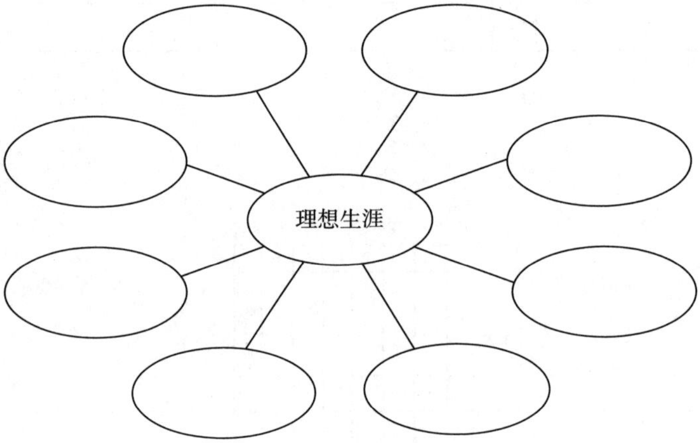

图 11–2　描绘你理想生涯轮廓

当你归纳出期望的“理想生涯”应该具备的特质或条件之后，你需要进一步判断在你列举出的六个生涯选项中，哪一个最接近你的“理想生涯”。

＊请以你在“理想生涯”上的评量得分作为“基准点”，将每一个生涯选项在各组生涯想法上的得分“减去”“理想生涯”在该组生涯想法上的得分，即为该生涯选项的“基准分数”。

*将该生涯选项在各组生涯想法上的基准分数相加，即为该生涯选项的“基准总分”。

*“基准总分”越低的生涯选项表示其越接近“理想生涯”。意即，你对该生涯选项的各项评量越符合你对“理想生涯”的期望水准。

*在尚未出现其他更符合你的“理想生涯”的生涯选项之前，最接近的生涯选项即可作为你的生涯目标。

请在下列方格中写下一项最吸引你的职业或工作，作为你的生涯目标。依据各项生涯想法的重要性顺序，记录该生涯目标具备的特质或条件。

我的理想生涯目标：______________________

所具备的特质或条件：

1.

2.

3.

4

5.

6.

12

理想VS规划

找到你做出决定的原因

我的生涯愿景

想象一下十年后的我

列举你一生中最想完成的十件大事

是做规划的时候了

短期目标与最终目标

学会『栽培』自己

生涯规划表

找到你做出决定的原因

为了帮助你更清楚为什么你列出的理想生涯目标的特质或条件对你而言是重要的，你需要进一步问自己，或邀请一位朋友协助你来探寻这些问题的答案。

“为什么我期望我的理想生涯应具备这个特质或条件？”

“为什么这个特质或条件对我的生涯选择是重要的？”

或者是：

“如果我的生涯能具备这个特质或条件，对我有什么意义？”

请将你的回答逐一记录下来（见图 12–1）。针对每一个回答进一步问“为什么”，你会更明白：你的理想生涯目标反映了你对自己最深切的期待，或是你追寻的人生意义和价值。

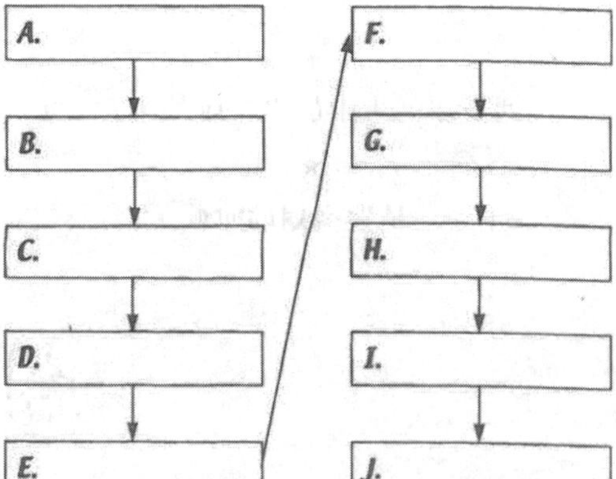

图 12–1　找到你做出决定的原因

当你终于理清了自己的核心生涯价值，体会到此生存在的核心目的，也更能清晰、具体地描绘出理想的生涯目标和愿景。当你心中理想生涯的蓝图逐渐清晰地被勾勒出来，你对未来生涯发展的憧憬将更加殷切。

那么，你会如何为自己铺设一条通往理想生涯的路径？就像遥望着高山顶峰的登山者，对于山巅一望无际、睥睨群峰的雄伟景致，虽早已心向往之，却没有任何方法可以一步登天。茂密丛林中遍寻不见路径，还须开山辟地、披荆斩棘，才能一步一个脚印地走出自己的路。险峻之处，更须一刀一斧，雕石为阶，才能临渊履薄地拾级而上。登山没有捷径，必须步步为营。

还记得小时候玩过的迷宫卷纸游戏吗？卷纸开端的一条路可以分岔无数，有些殊途同归，有些危机四伏。人生历程中也会出现无数的分岔路，每一次都会面临新的抉择和未知的挑战。然而，当你前进的目标和方向一致，无论你选择的是哪一条路，差别可能只在遭遇艰难险阻的程度。选择一条人迹较少的路，也许没有那么顺利，但克服险阻和挑战的收获也会更为丰富而深刻，悟化成千锤百炼的人生智慧。

既然你已经确定了人生的方向和目标，你打算如何帮自己的这一生修桥、铺路或架设阶梯？现在就让我们一起来逐步建设生涯规划的历程。

我的生涯愿景

请在下栏中，将你的生涯愿景生动而详细地描述出来，作为你和自己的人生约定。

我的生涯愿景

※ 核心意识

核心价值：

核心目的：

※ 所预见的未来

具体而明确的目标：

生动的描述：

想象一下十年后的我

你是否能具体地想象自己十年后的模样？未来的生涯会是什么光景？现在就让我们一起乘坐未来世界的时光隧道机，到未来去旅行。

（自我暗示放松训练 + 轻音乐）

现在，我们一起坐在时光隧道机里，来到十年后的世界，也就是公元 XXXX 年的世界。算一算，你几岁了。容貌有变化吗？请你尽量想象十年后的情形，越仔细越好。好，现在你正躺在家里卧室的床上。这时是清晨，和往常一样，你慢慢地睁开眼睛，首先看到的是卧室里的天花板。它是什么颜色？

接着，你准备下床。尝试去感觉脚趾头接触地面那一刹那的温度，凉凉的，还是暖暖的？经过一番梳洗，你来到衣柜前，准备换衣服上班。今天你要穿什么样的衣服上班？穿好衣服，你看一看镜子。然后你来到了餐厅，早餐吃的是什么， 一起用餐的有谁，你跟他们说了什么话？

接下来，你关上家里的大门，准备前往工作的地点。回头看一下你家，它是一栋什么样的房子？你将搭乘什么样的交通工具上班？

你即将到达工作的地方，首先注意一下，这个地方看起来如何？好，你进入工作的地方，跟同事们打了招呼，他们怎么称呼你？你注意到哪些人出现在这里，他们在做什么？

你在你的办公桌前坐下，安排一下今天的日程，开始上午的工作。早上的工作内容是什么？跟哪些人一起工作？工作时用到哪些东西？

很快地，上午的工作结束了。午餐如何解决？吃的是什么？跟谁一起吃？用餐愉快吗？

接下来是下午的工作，跟上午的工作内容有什么不同，还是一样的忙碌？

快到下班的时间了，或者你没有固定的下班时间，但你即将结束一天的工作。下班后，你直接回家，或者要先办点什么样的事情，或者要做一些什么其他的活动？

到家了，家里有哪些人？回家后你做些什么事？晚餐的时间到了，你会在哪里用餐，跟谁一起用餐，吃的是什么？晚餐后，你做了些什么？跟谁在一起？

该是就寝的时间了。你躺在早上起床的那张床上，回忆一下今天的工作与生活。今天过得愉快吗？是不是要许一个愿？许了什么样的愿望？

渐渐地，你很满足地进入梦乡。安心地睡吧，一分钟后，我会叫醒你。

（一分钟后）

我们慢慢地回到这里。还记得吗？你现在的位置不是在床上，而是在这里。现在，我从 10 开始倒数，当我数到 0 的时候，你就可以睁开眼睛了。好，10-9-8-7-6-5-4-3-2-1-0。请睁开眼睛。你慢慢地醒过来，静静地坐着。

幻游未来世界之后，你回到了现实世界。记得你的幻游经验吗？请和你的朋友或同学一起分享你的生涯幻游中出现了哪些有趣的事？

幻游经验

★我看到天花板的颜色是……

★我感觉到地板的温度是……

★我穿的衣服样式是……

★和我一起吃早餐的人是……

★我住的房子是……

★我乘坐的交通工具是……

★我的工作环境是……

★同事们称呼我是……

★我上午的工作内容是……

★和我一起吃午餐的人是……

★我下午的工作内容是……

★我下班后的活动是……

★和我一起吃晚餐的人是……

★我晚餐后的活动是……

★对于一天的工作和生活，我的感觉是……

★临睡前，我许的愿望是……

★对于这一次的幻游，我的心得是……

列举你一生中最想完成的十件大事

未来世界的一番自在遨游也许勾起了你平日潜藏在心底的一些愿望和憧憬。这些愿望也许在目前你所处的现实环境中尚无缘实现，但谁知未来不会有那么一天，你会逐步建构出梦想中的现实，变你的理想为现实。如果蝴蝶可以梦见庄周，蝴蝶会希望如何过庄周的生活？不要用现实羁绊你的梦想，就让梦想乘着蝴蝶的翅膀飞翔吧。

表 12-1

我梦想这一生能完成的十件大事	何时完成
1.	
2.	
3.	
4.	
5.	
6.	
7.	
8.	
9.	
10.	

是做规划的时候了

为了达成你的生涯目标，实现你心底对自己最深的期待，你必须铺设一条通往生涯目标的道路或阶梯。但在拟定生涯计划之前，你仍需要仔细思考一些问题，看看你是否已经做好了行动的准备。下列是你可能需要深入思考的问题（见表 12–2）。

表 12–2　做生涯规划需要思考的问题

我在哪里? 我已经得到什么?	例如，你需要考虑: ★你在选修过的科目中的学习和进步情形如何? ★你在实习或打工中的学习和进步情形如何? ★你已经培养的技能是什么?
▼	
我要去哪里? 我想得到什么?	例如，你将对于读研、出国留学或就业做出决定: ★为了什么目的?
我需要什么来到达那里? 我需要什么才能成功?	例如，你需要考虑达成生涯目标需准备的知识与技能: * 要学好它们，你需要具备什么技能? * 它们对什么工作有用? * 会有很多压力吗?
▼	
我要采取什么行动?	例如，你要如何找到需要的资料: ★和老师谈谈，从他们那里得到资源 ★使用生涯中心提供的资料 ★使用电脑查询就业资讯 ★查看学校的升学就业手册
▼	

有关的时间限制	例如，你需要考虑你要设定的目标和达成目标的期限。
▼	
我如何知道已经达到目标了?	例如，当你决定你打算要发展的生涯路径时，告诉父母、老师和学校。
▼	
我要和谁讨论我的想法?	例如，可和你重视且了解你未来目标所需条件的长辈或朋友讨论你的想法。

* 请试着回答左列的问题，发展你的行动计划。

我现在在哪里? 我得到了什么?	
▼	
我要去哪里? 我想得到什么?	
▼	
我需要什么来到达那里? 我需要什么才能成功?	
▼	
我要采取什么行动?	
▼	
有关的时间限制	
▼	
我如何知道已经达到目标了?	
▼	
我要和谁讨论我的想法?	

短期目标与最终目标

当我们有一项很复杂或艰难的工作要完成时，通常把它分成较小的任务会比较容易。当我们要完成一个特定目标，也可以应用相同的概念。

任务执行后达成

短期目标→最终目标

例如：假如你希望成为总统

终极性生涯目标	在×年之前
我希望成为总统	在2040年之前

你必须采取很多行动步骤，设定阶段性目标，如：

终极性生涯目标	在×年之前
1. 我需要有担任行政首长的经验	2035年之前
2. 我需要当选民意代表	2030年之前
3. 我需要进入政府工作	2025年之前
4. 我需要成为政党中活跃且有代表性的成员	2022年之前
5. 我需要参加政党	明年9月
6. 我需要选修演说的课程	下学期
7. 我需要和一个人以上讨论对政治议题的看法	下星期前
8. 我需要看两个时事的节目	本周五前
9. 我需要阅读报纸的社论和时事评论	今天

你设定的生涯目标越具体明确，越有助于拟定行动计划。因此，你设定的阶段性目标必须具体明确，可测量，可达成，和最终目标有关联，有时间限制。例如，“下学期的微积分成绩要拿到班上前五名”。

学会“栽培”自己

你也可以试着依据工作世界地图提供的兴趣和能力方位，来拟定你的近期、中期、长期生涯目标（见图 12–1）。通常，在机构中担负的决策责任越轻，要求工作者的兴趣和能力的偏向性越明显；在机构中担负的决策责任越重，越要求工作者具备多元化的兴趣和能力。

例如，独立作业的机械工程师仅需具备操作、维修或研发机械的兴趣和能力；团队工作的机械工程师则在机械能力之外，还需具备与人相处的兴趣和沟通协调的能力；而管理层的机械工程师更应有领导、统筹的能力和商业经营的兴趣。

想想看，在未来的生涯旅程中，你会如何“栽培”自己。

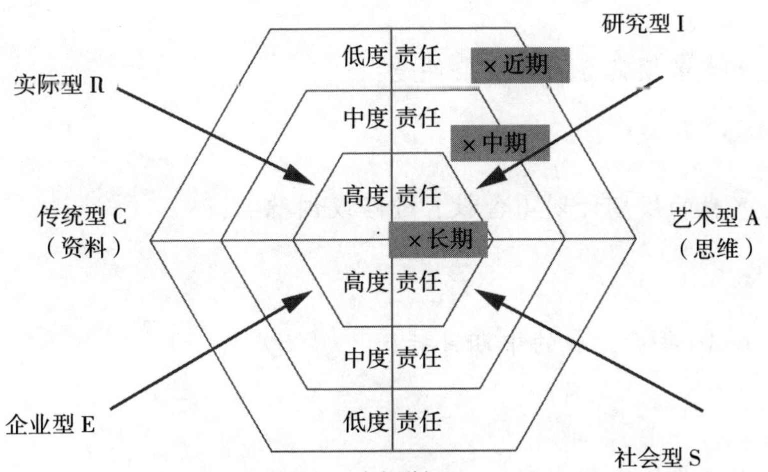

图 12–2　工作世界地图提供的兴趣和能力方位

3~5 年后，我的短期目标：

★ 主要的工作内容：

★ 它吸引我的特点是：

★ 我在个性上可以尝试的改变是：

★ 我可以培养的生涯兴趣是：

★ 我尚需培养的能力是：

★ 我必须具备的其他条件是：

★ 我的短期计划（含教育进修或训练）：

6~10 年后，我的中期目标：

★ 主要的工作内容：

★ 它吸引我的特点是：

★ 我在个性上可以尝试的改变是：

★ 我可以培养的生涯兴趣是：

★ 我尚需培养的能力是：

★ 我必须具备的其他条件是：

★ 我的中期计划（含教育进修或训练）：

10~20 年后，我的长期目标：

★ 主要的工作内容：

★ 它吸引我的特点是：

★ 我在个性上可以尝试的改变是：

★我可以培养的生涯兴趣是：

★我尚需培养的能力是：

★我必须具备的其他条件是：

★我的长期计划（含教育进修或训练）：

生涯规划表

除了工作和职业的规划是生涯规划的主轴，在这个强调“终身学习”的时代，你尚需思考其他层面的生涯规划，如人际经营、家庭经营、经济经营、置产消费、休闲旅游等。

在人际经营方面，俗话说“在家靠父母，出外靠朋友”，朋友常在我们的生涯发展中扮演着支持、协助或穿针引线的关键角色，让我们的成就产生加倍的效果，胜于闭门造车或孤军奋战。华人社会尤其重视人际关系，绵密的人脉网络经常发挥相辅相成的作用。你希望到何处去认识未来可能对你有帮助的朋友？如何和新认识的朋友建立良好的人际关系？

在家庭经营方面，家人是我们每一个人最重要的精神支柱，当外在环境充满了挫折，只有家人诚心地接纳我们，为我们打气加油。因此，能有时间陪伴家人是许多人选择职业的重要考虑因素之一。你打算如何经营你的家庭？包括和父母建立良好的关系，交往男女朋友，结婚，生子，照顾家庭等与家庭有关的议题。

在经济经营方面，足够维持生活所需的经济收入是我们对工作或职业的起码要求。但当需要拓展人脉资源，组织家庭或照顾家庭时，我们期待的收入水准也会提高。你希望何时实现年薪百万？你希望何时拥有年薪五百万元的身价？你打算如何做？

在置产消费方面，关于土地、房屋等不动产，汽车、股票、债券等动产，你会有何安排？何时买进你的第一部车？何时购买第一栋房子？何时打算换车或换房？

在休闲旅游方面，环游世界是许多人的梦想之一，如何安排休闲旅游活动和生涯规划的品质关系密切。至于你个人看重的其他层面，应一并纳入生涯规划（见表 12–3）。

表 12-3 ______生涯规划表

时间向度 生涯向度	时间 / 年龄										
教育准备											
兴趣培养											
能力培养											
工作职业											
人际经营											
家庭经营											
经济经营											
置产消费											
休闲旅游											

13

如何才能找到好工作

求职渠道有哪些

撰写求职申请书

撰写履历表

好的自传能让雇主留下好印象

面试妆容与技巧

扮演好你的工作角色

在确定生涯规划的目标与方向，有系统地规划了循序渐进的生涯路径之后，你可能已经摩拳擦掌，迫不及待地要展开你的生涯行动。俗话说“登高必自卑，行远必自迩”，为了有朝一日达成你的生涯理想，在跨出校园之后，你必须朝向前进的方向，踏踏实实地迈进一大步。这一步可能是取得更高的文凭，可能是接受相关单位举办的职前培训，更可能是直接投入工作世界、接受实地的挑战和试炼。

这时候，你应该知道申请进修甄选、职前培训或工作的流程。三者的流程基本上有共通性。就申请职业而言，下列程序可以供你作为检验的依据：

1. 利用求职渠道找寻工作机会。
2. 备齐相关证明文件，如学历证明等。
3. 准备履历表、简历与相关作品。
4. 寄送履历表与相关资料。
5. 确定面试时间与地点。
6. 接受面试。
7. 接收录取通知并回复。
8. 确定正式上班日期及准备事项。

对于刚要跨入社会的新人而言，进入职场的第一步是学习如何面试中推销自己，让自己从诸多竞争者中脱颖而出。找寻工作机会、撰写自传、接受面试，不啻是通往工作世界的钥匙，通常也是刚出校门的社会新人感到棘手的程序，必须多投入一些时间来准备和演练。

求职渠道有哪些?

当你需要找寻工作机会时，你知道有哪些渠道吗？例如，有些人托亲朋好友四处打听，有些人翻烂了数份报纸，仍感到职海茫茫。网络充斥着各式各样的求职资讯，能提供什么好处，又潜藏着什么问题？

一般而言，求职渠道可以归纳成下列五类（见表 13–1），分别有其运作方式和优缺点。请你花些时间，仔细了解这些求职渠道如何运作、提供什么求职服务，想想看不同的求职渠道各有什么优点、缺点。和你的朋友或同学一起讨论你们的发现。

表 13–1　五类求职渠道

求职渠道	优点	缺点
一、亲友介绍 A. 亲戚长辈 B. 师长		
二、报纸、杂志 A. 报纸求才广告 B. 杂志求才专栏 C. 就业快报或求职快报		
三、学校辅导单位 A. 就业辅导处 B. 学生辅导中心		
四、政府辅导机构		
五、私人中介机构 A. 人力中介公司或职业介绍所 B. 网络人力银行或求职网站		

现在，不妨以一个可以作为你短期生涯目标的职业或工作为例，尝试通过不同的求职渠道找寻适当的工作机会，看看你会有什么有趣的发现（见表 13–2）。

表 13–2　寻找职业或工作过程中的有趣发现

我所尝试的求职渠道	我的发现
1.	
2.	
3.	
4.	
5.	
6.	

通过亲朋好友密布的人脉网络搜寻，确实较容易找到轻松又稳定的职位，但受限于亲朋好友的工作类型，介绍的工作性质常无法完全符合自己的兴趣。拿着报纸五花八门的求才广告按图索骥，经常危机四伏，容易掉入老江湖布下的求职陷阱。政府开办的就业辅导机构能提供较佳的工作选择和保障，但申请的手续烦琐，条件过于严苛且缺乏弹性。民间传统的人力中介公司似乎已沦为外劳或基层劳力中介机构，甚少提供给高级人才的就业机会，缺乏保障。于是，网络的无远弗届、立即搜寻功能成为求职者的最爱，而网络中的资讯开放容易给歹徒可乘之机。因此，要想找一个好工作，须谨慎小心、步步为营。

撰写求职申请书

当你从某一个有效的求职渠道，找到了一个梦寐以求的工作机会，下一步是尽快寄出履历表和自传，以及相关证明文件了。这时，一封简短且有礼貌的申请信函，表明你的来意，会让接信的潜在雇主有兴趣仔细阅读你的履历表和自传。请试着参考下列说明，撰写一封求职申请信。

×× 经理钧鉴：

第一段：说明你写信的目的，从何处知道这个工作机会，要申请的工作或职务名称。

第二段：说明你的学历和专业背景，你对这项工作感兴趣的原因或申请这项工作的理由。

第三段：呈现你对未来工作表现的信心和期望，邀请雇主参看你的履历表和简历。

第四段：感谢雇主展读你的信和履历资料，请求雇主给予进一步面谈的机会。

敬祝

宏图大展

×××敬上 × 年 × 月 × 日

撰写履历表

在职场中，履历表通常是求职人员为雇主准备的一份见面礼。一份能表现个人风格的履历表常能留给雇主良好的第一印象，引起雇主的兴趣，以便争取到面试的机会，求职路上成功了一半。履历表最好能自行设计、制作，基本上仍以简明扼要、朴实无华为宜。

履历表也是你生涯中所有成就的重要指标。要让素昧平生的主管靠一纸文件了解你，必须准备好这份见面礼。一般而言，履历表包含以下项目（见表 13–3）：

表 13–3　如何撰写履历表

内容项目	说明
a. 应征的工作项目	工作名称及工作内容
b. 个人基本资料	姓名，年龄，性别，籍贯，出生年月日，通讯住址及联络电话等
c. 学历与训练	高中以上毕业学校的名称，专业，专业认证或文凭等。需注明就读和取得文凭的时间，由后往前推移
d. 经历（工作及社团经验）	含兼职，打工或工读，社团活动（担任干部和举办活动等），义务工作，研究工作等
e. 能力与专长	专业能力，工作相关能力，外语能力，资讯处理（电脑）能力，获奖及作品等
f. 兴趣与休闲活动	日常休闲活动，一般兴趣、职业兴趣等
g. 希望待遇	依公司规定，个人可接受的弹性额度
h. 个人近照	一寸或两寸

※ 请设计、制作一份你个人专用的履历表，表现出个人独特的风格，创造良好的第一印象。

好的自传能让雇主留下好印象

在求职的起点上，自传通常必须与履历表一搭一唱，相互辉映。如果说履历表为你支撑起一目了然的骨架，自传就是耐人寻味的内涵。

相较于履历表的简明扼要，自传的表达形式更为自由，可以叙事，可以论理，也可以抒情。由于履历表上无法流露感情，撰写自传时，一般人多会以较为感性的诉求来做自我介绍，呈现个人的成长背景、生活经验、观念想法、风格特质、志向抱负及生涯目标等，突显出对获得工作与未来工作表现的强烈企图心。但为顾及雇主并没有太多仔细阅读的时间，自传的字数以一千字左右或不超过两页A4书写纸为宜。

请尝试依据下列主题，撰写一份800~1000字的自传，设法让有机会阅读你自传的雇主留下良好而深刻的印象。

1. 家庭及成长背景
2. 求学经历及社团经验
3. 个人特质与兴趣
4. 工作经历与技能
5. 未来生涯规划
6. 结语

邀请一位你信赖的朋友或长辈，假扮你的潜在雇主，请他阅读你的履历表和自传，请教他对你的看法如何，会不会有兴趣邀请你当面谈谈对工作的期待和抱负，有哪些是需要补充或修正的地方。

面试妆容与技巧

当你寄出的履历表和自传受到雇主的青睐，你就争取到进一步笔试和面试的机会了。笔试大多测验求职者的时事、常识和专业知识，有些公司会安排性格测验、人格量表和价值观测验等，以更深入地剖析求职者的人格特质是否符合企业文化的要求。

面试通常在笔试结束之后进行，主要目的在于了解求职者的口语表达能力、沟通协调能力和机智反应等。有些则会要求求职者实际演练和操作，以了解求职者的专业能力和临场表现。主试者的问题可能是一般性问题，也可能是履历表或自传中未能充分表达的问题，有时暗藏玄机，使求职者的反应和能力无所遁形。尤其是求职者的专业能力经过筛选，众多竞争者的实力在伯仲之间，能否脱颖而出取决于面试者的反应和表现。求职者对面试这一决定性的关卡，绝不能掉以轻心。

面试过程中的注意事项，有下列数点，需谨记在心：

面试技巧与注意事项：

1. 提早到达较为从容。
2. 进入房间应先敲门。
3. 坐姿端正，眼神自然，手脚安定。
4. 每次答话干脆利落，不打断对方讲话。
5. 正面积极的自我表达是面试时不可或缺的。
6. 自己对职务的期待要适时表达，让主试者可以正确评估自己，以免到职后发现不适应。
7. 访谈告一段落的闲聊会影响主试者对自己的评价，不宜松懈。
8. 谈话结束前应约定下次见面或联络的时间，以探询自己被录用的机会有多少。
9. 无论面谈之后对这项工作或主试者的好恶，应该向对方表示感谢。

邀请一位你信赖的朋友或长辈，假扮你的潜在雇主，参考下列模拟试题，协助你进行模拟面试，观察你面试时的态度、语调、声音、速度、眼神、手势、表情和礼貌等，一起讨论有什么优点，哪些地方需要修正。

1. 请你用三分钟的时间介绍自己。

2. 为什么选择来本公司应征？

3. 为什么选择这份工作？

4. 为什么辞去前一份工作？

5. 过去的工作经历如何？和这项工作有关的是什么？你从中学到了什么？

6. 对工作内容和任务有什么认识和了解？

7. 对这个行业的发展前景有什么看法？

8. 你认为你具备什么条件（能力或专长）能胜任这项工作？

9. 你会如何在工作中表现？对本公司能有什么贡献？

10. 你对工作的期望和目标是什么？

11. 你对工作时间和地点有何意见？

12. 你希望的待遇是多少？

13. 你还想了解公司什么？

扮演好你的工作角色

当你幸运地在职场中过关斩将，顺利找到一份合适的工作，你就敲开了通往职业生涯之路的大门。

仿佛刚跨出少林寺的青涩高手，对五光十色的江湖既期待又怕受伤害。极目四望，一条或崎岖或坦荡的道路向着望不见尽头的远处蜿蜒而去，可能荆棘遍野，也可能黄花遍地，你仍然需要不断精进你在少林寺中练就的十八般武艺，才能顺利闯荡江湖。在东突西进中稍一疏忽就会头破血流、遍体鳞伤，当作是成就武林高手必经的试炼与必要的伤痕。唯有历经艰难险阻，才有机会琢磨出更犀利、更高深的武功，未来才有较大机会称霸武林、雄踞一方。

你准备好扮演工作者的角色了吗？列出一份备忘录，随时提醒自己在未来的职业生涯中可能面临的艰难险阻，要如何克服困难、跨越阻碍。

最喜欢在新雨过后骄阳灿烂的天空寻找彩虹的踪迹。一轮圆弧状的彩虹横跨天际，七彩缤纷的颜色显得璀璨亮丽。而大地经过新雨的洗刷，涤尽污泥，尘埃落定，总似嗅得着花草的芬芳，闻得到春天的气息。

仰望雨后的彩虹，好像心中的烦恼、压力获得疏解，可以暂时放下，让一切重新来过，更加努力去开创如彩虹般亮丽的人生。心理学家舒伯将人的生涯历程比喻成一道跨越天际的彩虹。七彩缤纷的是人们在一生中扮演的各种“角色”——儿童、学生、公民、工作者、休闲者、夫妻、父母等，从生到死，有的沉潜黯淡，有的灿烂辉煌。

生而为人，我们确实无法决定生于何处和生命的长度。然而，我们掌握了生命的彩笔和调色盘，只要我们以认真的态度尽情挥洒生命的彩笔，可以让生活更丰富深刻、多彩多姿，扩展生命的宽度与广度。就像我们无法左右天气的变化，但可以改变我们的心情——即使天气是阴郁的，心情是开朗的。我们或许无法决定“命”的生成，但可开创“运”的走向，尽力扮演好每一个生活阶段中值得重视的“角色”，发挥其最大的效能，即是实现成功的不二法门。

于是，我们的一生即使如飞鸿般短暂，仍须立志画下一道瑰丽夺目的彩虹，留下令人赞叹的烨烨光华！

附　录

附录 1　柯塞人格气质量表

（The Keirsey Temperament Sorter）

王甫昌译（1982 年）知人又知心

1. 在聚会中，你通常

A. 和很多人交谈，包括陌生人

B. 只和少数人交谈

2. 你比较

A. 重视实际的事务

B. 重视想象探索的事务

3. 你认为下列哪种比较不好?

A. 过于想象化，忽略实际的问题

B. 身不由己地敷衍了事

4. 影响你较深的是

A. 原则

B. 情感

5. 你比较容易

A. 被说服

B. 被感动

6. 在工作上，你比较喜欢

A. 有期限

B. 没有时间限制，完成就可以

7. 在选择事物时，你通常

A. 非常谨慎

B. 有点冲动

8. 在聚会中，你大多

A. 很晚才走，精神越来越好

B. 很早就走，而且精疲力竭

9. 你比较容易受哪一种人吸引？

A. 学识丰富的人

B. 富有想象力的人

10. 下列哪种你比较感兴趣？

A. 实际上发生的事

B. 可能发生的事

11. 在评判别人时，你比较容易受到哪一种的支配？

A. 原则问题

B. 处境问题

12. 你处事比较

A. 对事不对人

B. 对人不对事

13. 你比较

A. 严守时间

B. 对时间比较随便

14. 哪种令你比较苦恼？

A. 事情没做完

B. 事情做完了

15. 在你的团队中，你比较

A. 关心别人的事情

B. 不关心别人的事情

16. 对于寻常事情的处理，你通常

A. 别人怎么做，我就怎么做

B. 用自己的方法做

17. 你认为写作时应该

A. 平铺直叙，不拐弯抹角

B. 多用隐喻的写法

18. 哪种比较引起你的共鸣？

A. 思想的前后一致

B. 和谐的人际关系

19. 你做什么时感到比较舒服？

A. 推理判断

B. 价值判断

20. 你喜欢事情

A. 都解决了，决定了

B. 尚未解决和决定

21. 你认为你比较

A. 没做什么有用的事

B. 随意

22. 在打电话前

A. 很少先计划要说些什么

B. 事先准备并排练要说些什么

23. 事实

A. 说明事实本身

B. 可以表现原则

24. “凭空想象”是

A. 令人苦恼的

B. 相当引人入胜的

25. 你通常是个

A. 头脑冷静的人

B. 非常热心的人

26. 哪一种情况比较糟糕?

A. 不公平

B. 残酷

27. 你通常希望事情的进行

A. 经过仔细的选择

B. 不经意的，碰运气

28. 你觉得哪一种比较好？

A. 买东西没有什么选择

B. 买东西有较多的选择

29. 在人群中

A. 主动找人谈话

B. 等着别人找你谈话

30. 常识

A. 通常很少有问题

B. 常是有待商榷的

31. 小孩子通常

A. 认真而意志坚定

B. 没有尽可能发挥他们的想象力

32. 决定某件事情时，你比较喜欢

A. 依循一定的标准

B. 以个人的喜欢决定

33. 你认为你比较

A. 坚决

B. 温和

34. 哪一种比较受赞赏

A. 具有组织能力，办事有方法

B. 具有适应力和让别人愿意去做的能力

35. 你比较喜欢

A. 已经决定，没有变更的余地

B. 一切尚在未定之中

36. 与别人初次，非常规性的交往令你

A. 感到刺激而精神焕发

B. 耗尽精神

37. 你通常是个

A. 比较实际的人

B. 比较沉于空想的人

38. 你通常比较喜欢

A. 注意别人的有用之处

B. 注意别人怎么看一个问题

39. 哪一种令你较为满意

A. 把整件事情讨论得很彻底

B. 讨论一件事时，达成一项协议

40. 你比较常受到什么的支配?

A. 脑

B. 心

41. 你比较喜欢怎样的工作？

A. 有明确的计划

B. 事先没有明确的规定

42. 你喜欢让事情

A. 有秩序地进行

B. 随它出现

43. 你比较喜欢

A. 朋友很多，交往不深入

B. 朋友不多，交往较深入

44. 你行事比较依据

A. 事实

B. 原则

45. 哪一种你比较感兴趣？

A. 生产和分配

B. 研究和设计

46. 你认为哪一种是较大的恭维

A. “这是个非常理性的人。”

B. “这是个非常感性的人。”

47. 你觉得哪种特质比较好？

A. 毅然决然

B. 全新投注

48. 你通常比较喜欢

A. 已成定案，不易变更的话

B. 提案式的，准备性的话

49. 你什么时候比较舒服

A. 决定之后

B. 做决定之前

50. 你通常和陌生人

A. 很容易交谈

B. 没什么话可说

51. 你比较相信你的

A. 经验

B. 灵感

52. 你觉得哪一种比较好

A. 行事切合实际

B. 有发明创造的天分

53. 哪种人比较值得敬佩

A. 具有清醒的理智的人

B. 具有强烈的情感的人

54. 你比较倾向于

A. 公平

B. 具有同情心

55. 你最喜欢

A. 确定事情已经安排好了

B. 船到桥头自然直

56. 在人际关系上大多数的事应该

A. 磋商

B. 不经意，随遇而安

57. 电话铃响的时候，你通常

A. 第一个赶着去接

B. 希望别人去接

58. 你认为自己的哪一点值得赞赏？

A. 具有强烈的现实感

B. 具有强烈的想象力

59. 你比较容易

A. 在字面上打转

B. 注意弦外之音

60. 下列哪种似乎是较大的错误？

A. 太感情化

B. 太客观化

61. 你认为自己基本上是个

A. 冷静，脚踏实地的人

B. 性情温和的人

62. 你比较喜欢哪一种情境？

A. 有计划，有进度表的

B. 没有计划，没有进度表的

63. 你是个比较

A. 例行性的人

B. 反复无常的人

64. 你觉得你比较

A. 容易接近

B. 与人有些隔阂

65. 在写作时，你比较喜爱

A. 文字性的

B. 数字性的

66. 哪一种对你比较难？

A. 认同他人

B. 利用他人

67. 你比较希望自己拥有

A. 清醒的理智

B. 强烈的同情心

68. 哪一种是较大的过错

A. 不分青红皂白

B. 爱批评

69. 你比较喜爱

A. 有计划的事务

B. 没有计划的事务

70. 你做事比较

A. 深思熟虑

B. 任性

计分

1. 把答卷中每一行答案的个数填入底下的空格，可得到 14 个数字。

2. 把空格内的数字转换为符号的数字，也就是把 1 号空格的数字填入底下的 1 号空格，2 号也是。但是 3 至 8 号空格原来有的两个数字，相加再填入底下的相关空格。

3. 现在我们有四对数字，选出每一对数字中较大的一个，如果两个数字相等，则给予 X。

附录1　柯塞人格气质量表

	a	b		a	b		a	b		a	b		a	b		a	b		a	b
1			2			3			4			5			6			7		
8			9			10			11			12			13			14		
15			16			17			18			19			20			21		
22			23			24			25			26			27			28		
29			30			31			32			33			34			35		
36			37			38			39			40			41			42		
43			44			45			46			47			48			49		
50			51			52			53			54			55			56		
57			58			59			60			6i			62			63		
64			65			66			67			68			69			70		
I			2 3			4 3			4 5			6 5			6 7			8 7		

1		2	3		4	5		6	7		
E	I		S	N		T	F		J	P	

附录 2　何伦人格类型问卷

罗文基等（1992）

下列问卷，是为了帮助你找出自己的人格类型而设计的。

请在最适合你的描述项目前画“√”，在最不像的项目前画“×”，若不确定，则画“？”。

例：_×_ 我喜欢讨价还价。

_？_人们经常告诉我他们的问题。

01.____ 强壮而敏捷的身体对我很重要。

02.____ 我必须彻底了解事情的真相。

03.____ 我的心情受到音乐、色彩、诗歌和美丽事物的影响极大。

04.____ 和他人的关系丰富了我的生命。

05.____ 我自信会成功。

06.____ 我做事必须有清楚的指示。

07.____ 我擅长自己制作、修理东西。

08.____ 我可以花很长的时间去想通事情的道理。

09.____ 我重视美丽的环境。

10.____ 我愿意花时间帮别人解决个人危机。

11.____ 我喜欢竞争。

12.____ 我在开始行动前会花很多时间去计划。

13.____ 我喜欢使用双手做事。

14.____ 探索新构思使我满意。

15.____ 我总是寻求新方法来发挥我的创造力。

16.____ 我认为把自己的焦虑和别人分享是很重要的。

17.____ 成为团体中的关键人物对我很重要。

18.____ 我感觉重视工作中的所有细节非常重要。

19.____ 我不在乎工作时把手弄脏。

20.____ 我认为教育是发展和磨炼脑力的终生学习的历程。

21.____ 我喜欢非正式的穿着，尝试新颜色和新款式。

22.____ 我常能体会到某人想要和他人沟通的需要。

23.____ 我喜欢帮助别人自我改进。

24.____ 我在做决定时，通常不愿冒险。

25.____ 我喜欢买小零件，做成成品。

26.____ 我可以长时间阅读、玩拼图游戏或冥想生命的本质。

27.____ 我有很强的想象力。

28.____ 我喜欢帮助别人发挥天赋和才能。

29.____ 我喜欢监督事情的完工。

30.____ 如果我将处理一个新情境，我会在事前做充分的准备。

31.____ 我喜欢独立完成一个活动。

32.____ 我渴望阅读或思考任何可以引发好奇心的东西。

33.____ 我喜欢尝试创新。

34.____ 如果我和别人发生摩擦,我会不断地尝试化干戈为玉帛。

35.____ 要成功，就必须高悬目标。

36.____ 我不喜欢为重大决策负责。

37.____ 我喜欢直言不讳，避免转弯抹角。

38.____ 我在解决问题前，必须彻底分析问题。

39.____ 我喜欢重新布置我所在的环境，使其与众不同。

40.____ 我常借着和别人的交谈来解决自己的问题。

41.____ 我常起始一个计划，而由别人完成细节。

42.____ 准时对我非常重要。

43.____ 从事户外活动令我神清气爽。

44.____ 我不断地问为什么。

45.____ 我喜欢自己的工作能够抒发情绪和感觉。

46.____ 我喜欢帮助别人找出可以互相关注的方法。

47.____ 能够参与重大决策是件令人兴奋的事。

48.____ 我经常保持整洁和有条不紊的习惯。

49.____ 我喜欢周遭环境简单而实际。

50.____ 我会不断地思索一个问题，直到找出答案。

51.____ 大自然的美深深地触动我的灵魂。

52.____ 亲密的人际关系对我重要。

53.____ 升迁和进步对我是极重要的。

54.____ 当我把每日的工作计划好，我会有安全感。

55.____ 我不害怕过重的工作负荷，知道工作的重点是什么。

56.____ 我喜欢使我思考、给我新观念的书。

57.____ 我期望能看到艺术表演、戏剧和好电影。

58.____ 我对别人的情绪低潮相当敏感。

59.____ 能影响别人使我感到兴奋。

60.____ 当我答应做一件事时，我会竭尽所能地完成所有细节。

61.____ 粗重的肢体工作不会伤害任何人。

62.____ 我希望学习所有使我感兴趣的科目。

63.____ 我希望做些与众不同的事。

64.____ 我对别人的困难乐于伸出援手。

65.____ 我愿意冒一点危险以求进步。

66.____ 当我遵循成规，我感到安全。

67.____ 我选车时，最先注意的是好的引擎。

68.____ 我喜欢能刺激我思考的对话。

69.____ 当我从事创造性工作，我会忘掉一切旧经验。

70.____ 我关注社会上需要帮助的人和事。

71.____ 说服别人依计划行事是件有趣的工作。

72.____ 我很擅长检查细节。

73.____ 我知道如何应付紧急的事。

74.____ 阅读新发现是件令人兴奋的事。

75.____ 我喜欢美丽、不平凡的东西。

76.____ 我常关怀孤独、不友善的人。

77.____ 我喜欢讨价还价。

78.____ 我花钱小心翼翼。

79.____ 我用运动来保持强壮的身体。

80.____ 我经常对大自然的奥秘感到好奇。

81.____ 尝试不平凡的新事物是相当有趣的。

82.____ 当别人向我诉说他的困难，我会是个好听众。

83.____ 做事失败了，我会再接再厉。

84.____ 我需要确切地知道别人对我的要求是什么。

85.____ 我喜欢把东西拆开，看是否能够修理。

86.____ 我喜欢研读，再有逻辑性地做决定。

87.____ 没有美丽事物的生活，对我而言是不可思议的。

88.____ 人们经常告诉我他们的问题。

89.____ 我常能借着网络和别人取得联系。

90.____ 小心谨慎地完成一件事是有成就感的。

计分

下表中的数字代表何伦人格测验中的题号。请将你的答案（√ × ？）标记在各个数字上。

实际型	研究型	艺术型	社会型	企业型	传统型
1	2	3	4	5	6
7	8	9	10	11	12
13	14	15	16	17	18
19	20	21	22	23	24
25	26	27	28	29	30
31	32	33	34	35	36
37	38	39	40	41	42
43	44	45	46	47	48
49	50	51	52	53	54
55	56	57	58	59	60
61	62	63	64	65	66
67	68	69	70	71	72
73	74	75	76	77	78
79	80	81	82	83	84
85	86	87	88	89	90

算出每种类型打“√”项目的总数，填写在下面的空格中：

实际型	研究型	艺术型	社会型	企业型	传统型

算出每种类型打“×”项目的总数，填写在下面的空格中：

实际型	研究型	艺术型	社会型	企业型	传统型

将每种类型中，打“√”项目的总数减去打“×”项目的总数，得分填写在下面的空格中：

实际型	研究型	艺术型	社会型	企业型	传统型

附录3　生涯兴趣量表

修改自李素卿译（1997）

一、这个量表的目的在于帮助你了解你对大学选修科目和职业活动的兴趣，以作为你将来选择适当职业的参考。

二、请在每一个学科或职业活动上圈选出适当的数字，以反映你对每一个学科或职业活动的兴趣程度或可能偏好程度。

如果你对该学科或职业活动具有“强烈”的兴趣，请圈选“3”；
如果你对该学科或职业活动具有“中度”的兴趣，请圈选“2”；
如果你对该学科或职业活动具有“些微”的兴趣，请圈选“1”；
如果你对该学科或职业活动“丝毫没有”兴趣，请圈选“0”。

三、不必考虑你是否具有在某一特定领域中获得成功的生涯技能或潜能。

四、每一项问题都要作答。

第一部分：选修科目

我的“实际”兴趣在于……					我的“研究”兴趣在于……				
1. 农业	0	1	2	3	1. 经济学	0	1	2	3
2. 航空	0	1	2	3	2. 保险统计科学	0	1	2	3
3. 地质学	0	1	2	3	3. 护理学	0	1	2	3
4. 工艺教学	0	1	2	3	4. 微生物学	0	1	2	3
5. 医疗技术	0	1	2	3	5. 牙科	0	1	2	3
6. 石油工程学	0	1	2	3	6. 医学	0	1	2	3
7. 法律实务	0	1	2	3	7. 自然科学教学	0	1	2	3
8. 森林学	0	1	2	3	8. 医疗科技	0	1	2	3
9. 放射性科技	0	1	2	3	9. 心理学	0	1	2	3
10. 运输科技	0	1	2	3	10. 数学	0	1	2	3
11. 摄影技术	0	1	2	3	11. 电脑程序设计	0	1	2	3
12. 牙科齿磨制造	0	1	2	3	12. 药学	0	1	2	3
13. 建筑制图	0	1	2	3	13. 航空工程学	0	1	2	3
14. 海洋调查	0	1	2	3	14. 地理学	0	4	2	3

我的“艺术”兴趣在于……					我的“社会”兴趣在于……				
1. 医学插图	0	1	2	3	1. 美容美发	0	1	2	3
2. 美术	0	1	2	3	2. 职业治疗	0	1	2	3
3. 商业艺术	0	1	2	3	3. 旅行导游	0	1	2	3
4. 音乐	0	1	2	3	4. 牙科保健	0	1	2	3
5. 图书馆学	0	1	2	3	5. 社会工作	0	1	2	3
6. 新闻学	0	1	2	3	6. 辅导工作	0	1	2	3
7. 英国文学	0	1	2	3	7. 中小学教学	0	1	2	3
8. 外国语文	0	1	2	3	8. 法律服务	0	1	2	3
9. 工业设计	0	1	2	3	9. 观护工作	0	1	2	3
10. 服装设计	0	1	2	3	10. 心理治疗	0	1	2	3
11. 舞蹈	0	1	2	3	11. 医疗服务	0	1	2	3
12. 戏剧	0	1	2	3	12. 政治实务	0	1	2	3
13. 室内设计	0	1	2	3	13. 电视制作	0	1	2	3
14. 景观建筑设计	0	1	2	3	14. 复健咨询	0	1	2	3

我的“企业”兴趣在于……					我的“传统”兴趣在于……				
1. 会计	0	1	2	3	1. 人事书记	0	1	2	3
2. 工业工程	0	1	2	3	2. 资料处理	0	1	2	3
3. 行销	0	1	2	3	3. 办公室设备维护	0	1	2	3
4. 房地产销售	0	1	2	3	4. 医事行政	0	1	2	3
5. 殡葬事业管理	0	1	2	3	5. 商业教育	0	1	2	3
6. 公园管理	0	1	2	3	6. 牙齿矫正	0	1	2	3
7. 广播 / 电视实务	0	1	2	3	7. 办公室行政	0	1	2	3
8. 流行（服务）销售	0	1	2	3	8. 医疗记录技术	0	1	2	3
9. 商业管理	0	1	2	3	9. 法院书记	0	1	2	3
10. 法律	0	1	2	3	10. 文书簿记	0	1	2	3
11. 交通运输管理	0	1	2	3	11. 电脑资料输入	0	1	2	3
12. 体育行政	0	1	2	3	12. 财务记录	0	1	2	3
13. 建筑管理	0	1	2	3	13. 秘书学	0	1	2	3
14. 消防管理	0	1	2	3	14. 数学教育	0	1	2	3

第二部分：职业活动

我的“实际”兴趣在于……				
1. 安排飞机、船舶、卡车或巴士的路线	0	1	2	3
2. 装置、维护、修理电脑或其他机器	0	1	2	3
3. 饲养狗、马或其他动物	0	1	2	3
4. 以造园技术美化庭院和公园	0	1	2	3
5. 养殖鱼类或其他水生生物	0	1	2	3
6. 制作或修理家具	0	1	2	3
7. 改良及展现体育技能	0	1	2	3
8. 执行法律以保护生命和财产	0	1	2	3
9. 制作建筑物、机器或电气设备的模型	0	1	2	3
10. 保卫野生动物的安全和食物摄取	0	1	2	3
11. 建造房子或其他建筑结构体	0	1	2	3
12. 操作紧急、救生或救火设备	0	1	2	3
13. 驾驶卡车、牵引机或巴士	0	1	2	3
14. 建立或操作无线电广播或电视设备	0	1	2	3

我的“研究”兴趣在于……				
1. 研究职业、生活方式或他人的行为	0	1	2	3
2. 用活的植物或动物做实验，以探索生长或遗传的法则	0	1	2	3
3. 设计新的运输或通讯形式	0	1	2	3
4. 设计实验来创造或测试新的药物、化学制品或食物	0	1	2	3
5. 设计建筑物、桥梁或其他结构体	0	1	2	3
6. 发展长期天气预测的方法	0	1	2	3
7. 操作 X 光机器或其他实验室仪器	0	1	2	3
8. 检测矿床的岩层并判断它们如何被从土壤中除去	0	1	2	3
9. 设计电脑程序以解决复杂的技术问题	0	1	2	3
10. 研究人类或动物疾病，加以诊断	0	1	2	3
11. 设计、制造飞机或轮船	0	1	2	3
12. 发展数学方程式或化学公式以解决科学的问题	0	1	2	3
13. 研究太阳系及宇宙天文星象	0	1	2	3
14. 研究水域，如湖、河流和海洋	0	1	2	3

我的“艺术”兴趣在于……				
1. 在乐团、管弦乐队或其他音乐组织里演奏乐器或创作音乐	0	1	2	3
2. 设计室内装潢的平面图，为家庭或办公室挑选家具和颜色组合	0	1	2	3
3. 为书籍或杂志绘制插图或设计封面	0	1	2	3
4. 从事创意舞蹈、芭蕾舞或韵律体操	0	1	2	3
5. 画卡通、漫画或人物的滑稽画	0	1	2	3
6. 撰写短篇故事、小说、戏剧或诗词	0	1	2	3
7. 使用木头、黏土、油漆或其他材料来创作艺术品	0	1	2	3
8. 从事创意摄影	0	1	2	3
9. 指挥一个管弦乐团或导演一出戏剧	0	1	2	3
10. 发表雕刻、戏剧、文学或音乐等作品，或加以论述和讲评	0	1	2	3
11. 安排艺术品、商品展示	0	1	2	3
12. 为无线电广播或电视节目撰写对白或商业广告词	0	1	2	3
13. 研究并诠释外国文学	0	1	2	3
14. 为商品设计容器或包装	0	1	2	3

我的“社会”兴趣在于……				
1. 在公园或休闲场所中监督人群的活动	0	1	2	3
2. 照顾儿童并协助他们接受教育	0	1	2	3
3. 协助别人处理其个人问题和生活上的重要决策	0	1	2	3
4. 教导或协助别人发展他们的兴趣和天分	0	1	2	3
5. 教导别人照顾自己并改善健康	0	1	2	3
6. 给予父母关于教养孩子的忠告	0	1	2	3
7. 为大众提供保健常识和社会服务	0	1	2	3
8. 协助病人、残障人士或受伤者的治疗	0	1	2	3
9. 管理员工的甄选、安置和升迁	0	1	2	3
10. 拜访家庭以帮助面临困难的人	0	1	2	3
11. 教导别人艺术和工艺	0	1	2	3
12. 研究不同社会和文化的传统和民风	0	1	2	3
13. 访问别人以获得有关其信仰和习惯的资讯	0	1	2	3
14. 协助别人发展其体育天分与运动技能	0	1	2	3

我的“企业”兴趣在于……				
1. 管理自己的工厂	0	1	2	3
2. 买卖股票与债券	0	1	2	3
3. 为大型商店或连锁店采购商品	0	1	2	3
4. 管理企业的公共事务部门	0	1	2	3
5. 协助别人安置安全设备	0	1	2	3
6. 游说某一法案的通过	0	1	2	3
7. 处理劳工与管理层之间的争议	0	1	2	3
8. 管理或指挥一项大型事业或某家公司的一个部门	0	1	2	3
9. 指挥一家社会服务机构或休闲机构	0	1	2	3
10. 指挥一家大型工厂的销售或管理一组销售人员	0	1	2	3
11. 协助个人规划他们的旅游活动	0	1	2	3
12. 担任无线电广播或电视的播音员	0	1	2	3
13. 研究法律情境并解释法律	0	1	2	3
14. 管理演说者、表演者和艺术家	0	1	2	3

我的“传统”兴趣在于……				
1. 操作办公机器	0	1	2	3
2. 为一家公司发展会计或档案系统	0	1	2	3
3. 为大型公司张贴广告	0	1	2	3
4. 规划或协调一场研讨会或定期大会	0	1	2	3
5. 协助别人规划并管理他们的财务	0	1	2	3
6. 将订单进行分类，计算价钱配额，制作价目表	0	1	2	3
7. 保存财务记录	0	1	2	3
8. 接电话，提供资讯或安排电话拜访	0	1	2	3
9. 教导商业课程	0	1	2	3
10. 准备发薪名单，计算佣金，制作薪水扣除额	0	1	2	3
11. 会见客户，安排约会，处理一般的办公事务	0	1	2	3
12. 把口述内容写下来	0	1	2	3
13. 簿记登录或盘点	0	1	2	3
14. 协助别人发展其体育天分与运动技能	0	1	2	3

计分

将每一项中14道题的得分相加，填写在下面的空格中：

第一部分：选修科目

实际型	研究型	艺术型	社会型	企业型	传统型

第二部分：职业活动

实际型	研究型	艺术型	社会型	企业型	传统型

解释

类型	典型个人风格	典型职业
实际型 R	此类型的人具有顺从、坦率、谦虚、自然、坚毅、实际、有理、害羞、稳健、节俭等特征。其行为表现为： （1）喜爱实际操作性质的职业或情境 （2）以具体实用的能力解决工作及其他的问题 （3）拥有机械和操作的能力，较缺乏人际关系方面的能力 （4）重视具体的事物或明确的特性	工程师 工程人员 医师 医事技术人员 农、渔、林、牧相关职业 机械操作员 一般技术人员
研究型 I	此类型的人具有分析、谨慎、判断、好奇、独立、内向、精确、理性、保守、好学、自信等特征。其行为表现为： （1）喜爱研究性质的职业或情境 （2）以研究方面的能力解决工作及其他的问题 （3）拥有科学和数学方面的能力，较缺乏领导才能 （4）重视科学价值	数学家 科学家 自然科学研究人员 工程研究人员 资讯研究人员 研究助理
艺术型 A	此类型的人具有复杂、想象、冲动、独立、直觉创意、理想化、情绪化、感情丰富、不重秩序、不服权威、不重实际等特征。其行为表现为： （1）喜爱艺术性质的职业或情境 （2）以艺术方面的能力解决工作及其他的问题 （3）富有表达能力、创造能力，拥有艺术、音乐、表演、写作等方面的能力 （4）重视审美价值与美感经验	此类型的人具有复杂、想象、冲动、独立、直觉创意、理想化、情绪化、感情丰富、不重秩序、不服权威、不重实际等特征。其行为表现为： （1）喜爱艺术性质的职业或情境 （2）以艺术方面的能力解决工作及其他的问题 （3）富有表达能力、创造能力，拥有艺术、音乐、表演、写作等方面的能力 （4）重视审美价值与美感经验

续表

类型	典型个人风格	典型职业
社会型 S	此类型的人具有合作、友善、慷慨、助人、仁慈、负责、善沟通、善解人意、富洞察力、理想主义等特征。其行为表现为： （1）喜爱社会性质的职业或情境 （2）以社交方面的能力解决工作及其他的问题 （3）具有帮助别人、了解别人、教导别人的能力，较缺乏机械与科学能力 （4）重视社会规范与伦理价值	社会服务工作者 一般教师 社工人员 护理人员 辅导咨询人员
企业型 E	此类型的人具有冒险、野心、抱负、乐观、自信、有冲劲、追求享乐、精力充沛、善于社交、说服他人、获取注意、管理组织等特征。其行为表现为： （1）喜欢企业性质的职业或情境 （2）以企业方面的能力解决工作及其他的问题 （3）具有语言沟通、说服、社交、管理、组织、领导方面的能力，较缺乏科学能力 （4）重视政治与经济上的成就	业务行销人员 律师 企业经理 公关人员 政治人员 媒体传播人员
传统型 C	此类型的人具有顺从、谨慎、保守、自抑、谦逊、坚毅、实际、稳重、重秩序、有效率等特征。其行为表现为： （1）喜欢传统性质的职业或情境 （2）以传统方面的能力解决工作及其他的问题 （3）具有文书作业和数字计算方面的能力 （4）重视商业与经济价值	会计师 会计人员 总务 出纳 银行职员 行政助理 编辑 资讯处理人员

资料来源：修改自李素卿译（1997）；林幸台（1987:56-58）

附录 4　工作能力或技巧

生涯规划模式（1997）

生涯规划模式（Career Planning Model）中，列举出多项工作者需具备的技巧或能力

1. 规划和组织技巧

◆评估工作任务的进展情况

◆举行会议

◆赞赏他人的良好表现

◆激励他人投入团体工作

◆催化脑力激荡活动

◆建立机构目标

◆和机构成员有效地工作

◆明辨待完成的工作任务

◆排列工作任务的优先顺序

◆催化团体讨论

◆给予建设性的回馈

2. 口语和文字沟通技巧

◆在正式或临场演说中有效地组织和呈现构想

◆有效参与团体讨论

◆准备精确扼要的书面材料

◆谨慎倾听和回应语言和非语言讯息

◆应用有利资源，建立良好公共关系

◆对正向或负向回馈做适当的回应

◆以不冒犯他人的方式论辩议题

◆发展彬彬有礼的电话沟通技巧

3. 决策、督导、管理和领导技巧

◆了解有效做决定的步骤

◆催化团体的决定历程

◆执行良好的决定

◆为决定负责任

◆评估决定的影响和效益

◆在不感到压力的状态下做决定

◆保留决定的弹性

◆向他人解释不受欢迎的决定

◆激励他人向目标迈进

◆应用有效的同侪督导技巧

4. 财务管理技巧

◆发展正确评估收入和支出的预算技巧

- 向他人说明公司的预算
- 制作正确的财务记录或报表
- 计划和执行募款活动

5. **批判思考、解决问题和冲突调解技巧**
    - 在问题发生之前，先预知到问题
    - 界定问题且辨认可能的原因
    - 提出可行的替代性解决方案，选出最适合者
    - 催化团体成员提出和评估可能的解决方案
    - 发展执行解决方案的计划
    - 同时处理数项问题
    - 了解批判思考的步骤

6. **团队工作技巧**
    - 激励团队成员朝向目标工作
    - 了解成员的优势和弱点，运用其优势以促进团队发展
    - 协同合作完成工作任务
    - 当达成目标时，给予彼此支持和赞赏

7. **伦理和容忍技巧**
    - 界定和说明合乎伦理的行为
    - 在困难情境中练习合乎伦理的行为
    - 以不批判的态度接纳他人的意见和行动，了解不同性别、种族、年龄、性取向者的行为

◆欣赏来自不同文化、社会、宗教背景者，与之良好互动

◆欣赏肢体上或心智上有障碍者，与之良好互动

8. 个人和专业管理技巧

◆在压力之下能有效地工作

◆有效地管理时间和工作

◆寻求更多专业发展的机会

◆经常参加压力管理的活动

◆在适当时间展开一天的工作

◆评估个人和专业上的优势和弱点

◆采取创新的做法

◆明白职场中应表现的适当行为

9. 可转换至工作的技巧

（1）资讯管理技巧

◆分类资料和物品

◆汇整资讯和排列等级

◆创造性地应用资讯于特定问题

◆综合事实、概念和原则

◆了解和组织原则

◆以适当的标准评估资讯

（2）设计和规划技巧

◆提出可能的行动方案

◆设定合于现实的目标

◆完成一项计划或决定

◆有效地管理时间

◆预测未来的发展趋势

◆妥善安排时间、心力、资源的投入

◆评量需求

◆做计划和按照计划行事

◆设定优先顺序

（3）研究和探究技巧

◆运用多项资讯来源

◆应用多项方法以验证资料

◆辨认问题和需求

◆设计实验计划或可系统性界定问题的模式

◆辨认解决特定问题所需的资讯来源

◆理清特定的问题、主题和讨论议题

（4）沟通技巧

◆客观地倾听并摘要叙述讯息的内容

◆运用不同的沟通形式和风格

◆对个人和团体演说

◆运用不同的媒体以呈现构想和创意

◆以不冒犯他人的态度，表达自己的需求、愿望、意见和偏好

◆有效地辨认和沟通自己的价值判断

◆向他人传达正向的自我形象

（5）人群关系和人际技巧

◆促使团体朝向目标迈进

◆维系团体的合作和相互支持

◆承担任务和责任

◆和同僚、上司、下属有效地互动

◆适当地表达个人的感受

◆了解他人的感受

◆愿意冒险

◆教导他人一项技巧、概念或原则

◆分析自我和他人在团体中的行为

◆在不同情境中表现出有效的社会行为

◆在时间和环境压力下工作

（6）批判思考技巧

◆当做决定或解决问题时，迅速正确地辨认出批判性的议题

◆辨认出能解释事实资料的相关联经验的一般性原则

◆界定问题之范畴

◆指出能评估行动之价值和适当性的合理标准

◆调整概念和行为以应对变化中的常规

◆应用适当的标准评估策略和行动计划

◆说明结论的前提

◆对复杂的问题提出创新性的解决方案

◆从不同角度或观点，分析事件和概念间的相互关系

（7）管理和行政技巧

◆分析工作任务

◆找出能解决问题的人

◆找出可用于解决问题的资源或材料

◆承担完成工作的责任

◆激励和领导人们

◆组织人群和工作任务，以达成特定目标

（8）价值技巧

◆依据每项行动对人类福祉的长期影响，来评估该行动

◆做出能扩大个人和集体利益的决定

◆欣赏艺术、文学、科学和技术带给现代社会的贡献

◆辨认个人自身的价值观

◆评量个人和重大生活决定有关的价值观

（9）个人和生涯发展技巧

◆从个人和他人的生活经验中学习

◆将学校中发展的技巧和工作要求的技巧相连接

◆将个人对自我特质和能力的知识和工作或生涯机会的资讯相对应

◆辨认、描述和评量个人需求、价值、兴趣、优势和弱点的相对重要性

◆发展促进个人成长的目标

◆辨认和描述个人从正式教育和生活经验中获得的技巧

◆辨认个人的优势和弱点

◆接纳负面的批评，从中学习

◆持续不懈地努力，不因失败而半途而废

◆建立对他人的信赖和信心

◆冒险

◆接纳个人的行动结果

◆向可能的雇主推销自己

附录 5　生涯价值观问卷

这一份问卷的目的是要了解你在考虑未来的工作时，有些工作性质或条件对你的重要性。请在下列每一题前的方格中，填上 1–5 的数字。“5”代表“非常重要”，“1”代表“不重要”。

5	4	3	2	1
非常重要	很重要	重要	不太重要	不重要

□ 1. 能参与救难、济贫工作

□ 2. 能欣赏完美的艺术作品

□ 3. 能经常尝试新的构想

□ 4. 必须花精神去深入思考

□ 5. 在职责范围内有充分的自由

□ 6. 可以经常看到自己的工作成果

□ 7. 能在社会上扮演更重要的角色

□ 8. 能指导别人如何处理事务

□ 9. 收入比相同条件的人高

□ 10. 有稳定的收入

□ 11. 能有清静、不受干扰的工作场所

□ 12. 主管善解人意

□ 13. 能经常与同事从事休闲活动

□ 14. 能经常变换职务

□ 15. 能成为你想成为的人

□ 16. 能帮助穷困、不幸的人

□ 17. 能增添社会的文化气息

□ 18. 可以自由提出新颖的构想

□ 19. 必须不断学习才能胜任

□ 20. 在工作时不受他人干涉

□ 21. 常觉得自己的辛劳没有白费

□ 22. 能使你更有社会地位

□ 23. 能够分配、调整别人的工作

□ 24. 常常加薪或分红

□ 25. 生病时能得到妥善的照顾

□ 26. 工作地点的光线、通风良好

□ 27. 有一个考核公正的主管

□ 28. 能与同事建立深厚的友谊

□ 29. 工作上的性质常会变化

□ 30. 能实现自己的理想

□ 31. 能减少别人的苦难

□ 32. 能运用自己的鉴赏力

□ 33. 常需要构想新的解决办法

□ 34. 必须不断解决新的难题

□ 35. 能自行决定自己的工作方式

□ 36. 能知道自己的工作绩效

□ 37. 让你觉得出人头地

□ 38. 可以发挥自己的领导能力

□ 39. 使你存下很多的钱

□ 40. 有完善的保险与福利制度

□ 41. 工作场所有现代化的设备

□ 42. 主管采取民主开放的领导方式

□ 43. 不必和同事有利益冲突

□ 44. 可以经常变换工作场所

□ 45. 常让你觉得如鱼得水

□ 46. 常帮助他人解决困难

□ 47. 能创作优美的作品

□ 48. 常需要提出多种不同处理方案

□ 49. 必须对事情做深入的分析研究

□ 50. 可以自行调整工作进度

☐ 51. 工作结果受到别人的肯定

☐ 52. 能够很自豪地介绍自己的工作

☐ 53. 能为团体拟定工作计划

☐ 54. 收入比其他行业高

☐ 55. 不会轻易被解雇或裁员

☐ 56. 工作场所整洁、卫生

☐ 57. 主管的学识或品德让你敬佩

☐ 58. 能认识很多风趣的伙伴

☐ 59. 工作内容常随时间而变化

☐ 60. 能充分发挥你的专长

计分与解释

计分	题号	生涯价值	生涯价值内涵
	01，16 31，46	利他主义	1. 工作的目的和意义在于提供机会让个人为社会大众的福利尽一份心力，为大众谋福利
	02，17 32，47	美的追求	2. 工作的目的和意义在于致力于使这个世界更美好，增加艺术的气氛
	03，18 33，48	创造发明	3. 工作的目的和意义在于发明新事物，设计新产品，发展新观念
	04，19 34，49	智力激发	4. 工作的目的和意义在于提供独立思考，学习与分析事理的机会
	05，20 35，50	独立自主	5. 工作的目的和意义在于允许个人以自己的方式或步调来进行，不会受到太多限制

	06，21 36，51	成就满足	6. 工作的目的和意义在于看到自己努力工作的具体成果，获得精神上的满足
	07，22 37，52	声望地位	7. 工作的目的和意义在于提高个人的身份或名望，受到他人的推崇和尊重
	08，23 38，53	管理权力	8. 工作的目的和意义在于赋予个人权力来策划，分配工作，管理属下
	09，24 39，54	经济报酬	9. 工作的目的和意义在于获得优厚的报酬收入，使个人有能力购置想要的东西
	40，25 40，55	安全稳定	10. 工作的目的和意义在于提供安定生活的保障，即使经济不景气，也不受影响
	11，26 41，56	工作环境	11. 工作要在不冷、不热、不吵、不脏的舒适环境下进行
	12，27 42，57	上司关系	12. 工作的目的和意义在于与主管平等、融洽地相处，获得赏识
	13, 28 43, 58	同事关系	13. 工作的目的和意义在于与志同道合的伙伴一起愉快地工作
	14，29 44，59	多样变化	14. 工作的目的和意义在于多彩多姿，富有变化，尝试不同的工作内容
	15，30 45，60	生活方式	15. 工作的目的和意义在于选择自己的生活方式，实现自己的理想

附录 6 生涯信念评量

吴芝仪（1991）

本量表中陈述的是一般人对生涯选择或职业决定问题抱持的一些想法或信念。请仔细阅读每一项想法，评量你对该想法同意的程度。“1”表示“不同意该项想法”，“4”表示“同意”。

不同意 – 同意

1	正确而适当的生涯选择，对我来说甚为重要，因为我不想出任何差错	1	2	3	4
2	我现在就应该确定自己最适合的职业，万一选错了职业，恐怕会后悔一辈子				
3	除非我能找到一份很理想的职业，否则我不会感到满意				
4	在我决定一项职业之前，我必须对自己适合做什么有绝对的把握				
5	工作是人生的重心，我从事的职业应该能满足我各方面的需求				
6	如果我一直找不到喜欢的工作，生活将会十分无趣				
7	我希望找到一份合适的职业，可以协助我克服害羞、焦虑、不擅交际等一些个人特质上的问题				
8	工作是达成自我实现与成就感唯一有效的途径				
9	我选择的职业应该让对我具有重要意义的人感到满意				
10	待遇优厚与福利完善的职业才能让我拥有满意的生涯				

续表

11	选择职业时，应该顾及社会价值观的评价及社会的需求	1	2	3	4
12	一份具挑战性且富变化性的工作才能顺应现代职场的需求				
13	从事某项职业，若不成功，就代表失败，没有其他的借口				
14	在我选择要从事的工作领域中，我必须成为专家或领导者，得到他人的敬重				
15	选择职业的条件，重视哪一种职业可让我获得最多经济利益				
16	如果我的生涯发展不能依照期望的方式进行，就意味着我失败了				
17	总会有比我懂得更多的人，可以为我找到最好的职业				
18	也许有某项测验可以明确指出，我做什么工作最容易成功				
19	接受生涯辅导，必然可以找到我擅长且会有优异表现的工作领域				
20	一些朋友早已确定了他们的志向，我却到现在还犹豫不决，必定是我哪里不对劲				
21	如果我现在决定某项职业，可能从此会受到该职业的束缚				
22	我的某些特质，可能是我选择职业、从事工作的致命伤				
23	如果我不能拥有成功的生涯，一定是我某些方面不如别人				
24	一个经常改变工作的人不会有成功的生涯				
25	如果我不能找到与所学知识相切合的职业，无异于枉费了多年受的教育				
26	一个人如果害怕当众演讲，就不适合担任律师、教师、推销员等需要好口才的工作				
27	只要能找到一份令人满意的职业，我必定会永远坚守工作岗位				
28	做决定之前，我必须找到一种最适当、最能让我发挥所长的工作，否则我宁可不做决定				
29	我无法从事任何与我本身能力不合的工作				
30	我必须找到与我的兴趣、性格、能力等各方面条件充分配合的职业，才能做决定				

计分

请将全部 30 题的得分相加，即可得到“生涯信念量表”的总分。得分越高，表示不适应生涯信念越强。

解释

1. 绝对适当（1–6 题）	高分	对生涯选择抱持完美或绝对适当的预期，认为工作应满足各方面的需求
	低分	不在乎选择的职业或生涯方向是否理想、适当，亦不认为工作能满足需求
2. 工作世界（7–12 题）	高分	认为生涯选择需顺应社会价值观和职场的需求
	低分	看重自我价值，不在意社会价值观的导向
3. 期望标准（13–16 题）	高分	对个人未来的生涯发展具有高度的期许，以为不成功即是失败
	低分	不对未来发展抱持高度期待，较不在乎生涯成功与否
4. 决定方法（17–19 题）	高分	依赖他人的意见做决定，总想征询别人的看法
	低分	不以他人的意见为依据，有自己的主张
5. 自我怀疑（20–23 题）	高分	对自己的特质、能力缺乏信心，总以为自己不如别人
	低分	对自己的特质、能力充满自信
6. 决定结果（24–27 题）	高分	相当坚持生涯决定结果的不可改变和持久性
	低分	对生涯选择抱持弹性的看法，认为生涯发展充满可能性
7. 入境适配（28–30 题）	高分	认为选择的职业或生涯方向须与个人的特质、兴趣、专长等充分配合
	低分	不认为须找到与兴趣、能力充分配合的职业或生涯方向，才能做决定

附录 7　自我暗示放松训练指导语

金树人（1998）

现在我们要进行自我暗示放松训练，请注意听，然后按照我说的去做。首先，请调整你的姿势。请你把眼睛闭起来，尝试去感觉你全身的重量是不是均衡地分配在两只脚、大腿、臀部、背部或手部。请你感觉你左右两边的重量是不是很平衡。

然后，请你把一部分注意力转移到你的心跳，尝试去感觉你的心跳。我们并不一定能感觉到心跳，只是在你安静下来后，仿佛能听到心跳，或是你可能什么也感觉不到。只是尝试着去感觉它。

现在，尝试着把注意力分散到两个方面，一方面感觉身体的平衡，一方面试着感觉你的心跳。

好，接下来请再把一部分注意力转移到你的呼吸，轻松地吸进来，慢慢地呼出去，自然地吸进来，慢慢地呼出去。尝试着控制再呼出去时，让它稍微慢一点。轻松地吸进来，慢慢地呼出去。自然地吸进来，慢慢地呼出去。

现在，试着把注意力分散到三个方面，一方面注意身体的平衡，另一方面试着感觉你的心跳，再一方面试着控制你的呼吸。

接下来，是一个比较困难的工作，请把注意力转移到两个手掌心，在心里强烈地暗示自己，“让我的手心温暖起来，让我的手心温暖起来”。

现在，把注意力分散到四个方面，也就是你不特别注意某一方面，而是把注意力随意地分散在四个方面：注意身体的平衡，感觉心跳，轻轻地吸进来，慢慢地呼出去，注意手掌心，强烈地暗示自己“让我的手心温暖起来”，继续尝试下去……

放松练习应注意以下几件事情

1. 光线的控制：适合的亮度是相当于阴天快下雨时的室内亮度。如果室内向阳，宜拉上窗帘。

2. 衣着：以宽松为宜。

3. 通风：宜特别注意。当一个人放松时，毛孔大致是松开的，若直接受风，极易染病。若室内有风扇或冷气，宜调低风速或关掉，切忌让风直接吹到身上。

4. 场所：宜选择安静而不易被打扰的地方，咨询室或团体辅导室是很好的选择。若是在一般的教室或会议室进行，最好选择僻静处。

5. 时间：进餐之后的 30~40 分钟内不宜进行。

6. 其他：如果受辅者有任何不舒服的感觉，应立即停止。在任何情况下，需将眼睛闭上，不得偷窥其他人的反应。

附录8　心理咨询师职业简介

概说

近年来经济快速发展，对社会和个人带来了相当大的冲击。就个人心理层面考虑，多数人承受了程度不一的工作压力和适应困难，随之而来的可能是紧张、焦虑、寂寞、疏离与沮丧等负面的情绪感受。当沮丧无法得到适时处理，可能会影响人际关系，导致罹患神经疾病或影响家庭生活。

发达国家的经验显示，心理咨询有助于解决上述问题。有鉴于此，咨询工作在各级学校、宗教团体、企业机构、社会福利和医疗机构等中渐受重视。若干大学设有与咨询相关的专业，为专业人才养成之用。

依据张春兴教授编订的《张氏心理学辞典》，其中对辅导、咨询与心理治疗的定义如下：

“辅导”的对象为一般人，目的于在助人成长，辅助其自主，引导其自立。

“咨询”是辅导的一部分，对象除一般人，也包括适应困难的人；除了助人成长，也协助当事人加强应对环境、解决困难的能力。

“心理治疗”的对象则是精神疾病或心理失常的患者，旨在达到:

1. 增进当事人对自身问题的了解；

2. 协助当事人解决内心的冲突；

3. 培养当事人自行改正不良习惯的能力；

4. 引导当事人认识自我与生活环境，消除已有的不当观念；

5. 支持当事人面对现实，恢复信心，重建幸福生活。

简言之，心理治疗主要用以帮助心理困难较严重的人，而应用较广的咨询工作以心理困难较轻的人为服务对象。

工作环境

咨询工作基本上只需一处可供倾听、尊重、接纳，安全和保密的场所。工作环境单纯，但随着咨询对象的变化，工作环境会有所不同，分述如下：

1. 学校的心理辅导中心：目前多数的小学、中学设有心理辅导中心，工作人员多由非本科毕业的老师兼任。基本上，这些老师对辅导工作有兴趣且乐于助人，接受过某种程度的定期在职训练。高中、专科及大学院校的辅导中心由学有专长、本科毕业的老师担任。

2. 企业机构：国营或民营的大型企业多设有类似的中心或社团，常被视为员工的精神补给站，由专业或非专业，但有兴趣的义工担任，如 IBM、Digital。

3. 社会服务机构：如“救国团”张老师、生命线、友缘基金会设有专任或兼任的心理咨询师。

4. 临床心理师：工作对象偏重于心理障碍较重的病患，多半是在精神医院开展工作，如心理诊断、心理治疗。

5. 法院：少年辅育院的辅导员和少年罪犯的观护人。

6. 工厂：部分工厂的专业人事管理员帮助员工处理日常生活压力，以发挥人性管理的优势。

7. 私营辅导机构：坊间设有专业心理咨询工作的机构，如中国台北市的现代人力潜能开发中心，公众若有心理困难，需要专业人员的协助，可直接前往求助。

工作时间及待遇

心理咨询师每日工作约 8 小时，大都属于朝九晚五，除少数特殊的机构工作时间较长或须轮值，通常享有固定休假。

心理咨询师属于“自由职业”，其待遇因工作性质而异。比如，任职于公立学校或政府机构者享受公务员的待遇。

所需资源和条件

国内目前尚未实施心理咨询师的检测考试制度，但数年来在许多有心人士的推动下，日渐成熟。虽然目前心理咨询师毕业于大学和研究所，专攻心理、辅导、教育心理等相关专业。

受限于现实制度，尚无法达到适才适用的理想。未来若实施证照制度，取得执业资格，将有助于提升心理咨询师的专业素养。

由于心理咨询师的工作对象是“人”，须具备某些人格特质，才可能成为好的心理咨询师，如人际关系观察力的敏锐、高度的同理心，才能在咨询工作中准确地了解问题的根源，察觉到当事人微妙的行为特征。心理咨询师须具有客观、尊重接纳个人、自我了解的能力，才能在咨询工作中保持中立的态度，也须具备丰富的心理学知识，正确地评估服务对象的态度、情绪，洞察其问题的所在。

目前中国台湾在 7 所大学和医学院设有相关专业和研究所，这 7 所大学和医学院分别是台湾大学、政治大学、高雄医学院、中原大学、辅仁大学、东吴大学、师范大学、彰化师范大学。修习时间平均为 4~12 年，除了通识课程，另有专业科目：普通心理学、统计学、心理测验、心理卫生学、辅导原理、发展心理学、社会心理学、变态心理学、认知心理学、临床心理学、诊疗心理学、咨询心理学、动机与情绪、生理学、知觉心理学、生理学等。

此外，“救国团”张老师、生命线和其他社会服务机构设有咨询工作训练班，培养并甄选所需的工作人员。

教育训练

训练内容包含临床实习。训练方式通常经由学理讲授，再借着会心团体、自我成长团体的方式，让学生充当团体成员，体会咨询过程带来的感受。要求学生到校外参加义务性的工作，以加强自我价值的觉醒，学习如何避免将自己的价值观反射到别人身上，习得分析情感的能力，确立自信心，学习对受辅者正确表达亲近、爱护、关心，但不引起对方的畏惧、敌意或困扰，学习如何建立理想的人际关系情境，从中体会人际互动引起的困扰与感受。在职人员有机会参加定期在职教育研习会和不定期的国内外专家举办的工作坊，达到自我充实的效果。此外，每月各地区举办心理咨询讨论会，使参与者彼此分享经验，提升专业素养。

未来展望

由于经济起飞，社会发展，大众对心理咨询师的需求相对提高。有人直接申请到国外进修，以应对不断变迁的社会环境。心理咨询师需要不断地接受新知，不断地创新突破，唯有如此，其工作方能合乎时代的需要，解决现代人的心理困难。

心理咨询工作渐趋重要且受重视，这是一片有趣且有远景的园地，欢迎有志青年参与开垦，为社会贡献才智，获得充分的自我成长。

附录 9　职业特质探索

生涯规划模式（1997）

在生涯规划模式（Career Planning Model）中，列举出工作世界中需进一步探索的数项有关职业特质的主题。

1. 该职业的工作性质

该职业的定义（职业名典或行职业简介中的定义）

该工作存在的目的，该职业服务的需求

主要的任务和责任

制造的产品或提供的服务

该职业中的专门领域

该职业使用的设备、工具、机械或工作辅具

2. 该职业所需的教育、训练或工作经验

学校中的课程、训练，训练或工作的场所

进入该职业所需的工作经验

雇主提供的在职训练类型

获得要求的教育、训练、工作经验需花费的时间

3. 该职业所需的个人资格、技巧和能力

进入该职业所需的能力、技巧或性向

从事该工作所需的体能状况

从事该工作所需的个人兴趣（接触资料、构想、人群或事物）

就业应具备的执照、文凭或其他法定要件

有利于获得该工作的特定条件（如外语能力、打字速度）

4. 该职业的收入、薪资范围、福利

从事该职业工作者的起薪

从事该职业工作者的平均收入

从事该职业工作者的最高收入

该职业中一般公司可提供的福利（如退休津贴、医疗保险、休假、病假、进修教育补助、在职训练等）

5. 该职业的工作环境

从事该职业的物理工作环境（办公室、工厂、室内 / 户外、噪音程度）和危险性

工作程序（时间长短、日间或夜间、加班、季节性工作）

创新性，自我管理，获得社会赞许的机会

工作者要准备的设备、工具和材料（如汽车、日志簿等）

进入该职业所需的专业协会会员资格

雇者偏好的穿着打扮（西装、制服等）

因工作性质而必须旅行的机会

工作者可能遭遇到的差别待遇

6. 就业地点

可以找到该职业的工作组织类型（公司类型、机构、商业、

工业），自我雇用（self-employment）的机会

该职业常出现或聚集的地区

7. 该职业的就业和升迁展望

进入该职业的一般方法

该职业的就业趋势

该职业的升迁机会，升迁至较高职位所需的时间

就业的稳定性

8. 相关职业

和该职业类似的其他职业

9. 职业资讯的来源

可获得有关该职业的更多资讯的来源

可观察从事该职业工作者的地方

可获得有关该职业的兼职工作、建教合作、实习或暂时性工作经验的地方

10. 该职业中典型工作者的人格特质

该职业中占最大比率的典型工作者的人格特质（如承受压力、精确工作、逻辑思考及何种生涯类型）

该职业工作者的平均年龄和年龄范围

该职业中男女性工作者的比例

从事该职业的少数族群工作者的人数

11. 在该职业中工作的个人满意度

该职业反映的价值（如高收入、成就、安全、独立、创造性、休闲或家庭时间、变异性、助人、地位、社会赞许等）

该职业的社会地位

附录 10　生涯资讯访谈问卷

生涯规划模式（1997）

当你到某一机构拜访资深工作者，下列数项问题是你可以提出来请教他的。当你提到“这个职业或机构”时，最好直接说出该职业或机构的名称。

1. 寻找工作技术

- 请问你如何进入这个职业或机构？
- 请问你采取什么行动步骤才决定做这个工作？
- 请问你用什么方法找到现在的工作？

2. 职业 / 组织兴趣

- 你如何对这个职业或机构感兴趣？
- 这个职业或机构有什么是最吸引你的地方？

3. 从该职业出发

- 要从事这个职业需具备什么资格？
- 从初阶到高阶的工作阶梯是什么？

4. 工作中的责任

- 公司期待你在工作上做些什么？
- 在工作上，你担负什么责任？

5. 产品、服务和竞争力

- 这个机构生产的产品或提供的服务是什么？
- 你的顾客或客户是谁？
- 你的竞争者是谁？
- 你的竞争者在工商业中的阶层是什么？

6. 需具备的能力和资格

- 从事这个职业的人必须具备哪些能力或个人条件？
- 要在工作上表现杰出，需具备的最重要的能力是什么？
- 从事这个工作的人要具备什么特质？

7. 所需的准备和背景

- 进入这个职业领域所需的准备、教育、训练或背景是什么？
- 进入这个职业需要什么执照或教育程度？

8. 价值和个人满意感

- 这个职业或机构让你感到满意的是什么？
- 这个职业或机构符合你的哪些价值？

9. 组织文化

- 在你的公司或机构中，大部分人的基本信念或假定是什么？
- 对这个机构或在这里工作的人，最有意义的活动是什么？
- 这个机构中最具有代表性的人物是谁？他们代表了什么？
- 这个机构的企业哲学是什么？

10. 人格特质

●要在这个职业或机构中获得成功或升迁，必须具备什么个人特质、价值或兴趣？

●管理阶层寻找的员工要具备哪些个人品质或条件？

11. 不满意的原因

●这个职业或机构让你感到挫折、烦恼或不满意的是什么？

●在工作中有哪些内、外在的难题，让你感到不满意？

12. 独特的品质或特点

●这个职业或工作的特点是什么？

●这个职业或工作让你称道的是什么？

13. 工作环境

●你通常花多少时间在工作上？

●你在工作上花的时间是工作本身或机构的特殊要求？

●你的工作时间会不会影响你的家庭时间？

●工作时的穿着打扮如何？

●你大部分时间是在室内，还是在户外工作？

●噪音的程度如何？

●这个机构的工作环境或室内布置让你感到愉快吗？

●在这个机构中工作的人一般工作态度如何？

14. 薪资范围

●这个职业的起薪、平均薪资、最高薪资是什么？

- 在同行中，你的公司所付的薪资和其他机构比较起来如何？
- 你的公司提供哪些福利？

15. 决策形态
- 你如何描述这个机构的决策风格？
- 在你服务的部门，由谁来决定要做哪些工作？

16. 组织中的组织
- 在你的公司中，管理层的权威如何发挥？
- 机构的组织系统表
- 你必须向谁报告你的工作？
- 你要督导哪些人？

17. 升迁机会
- 在机构中，获得升迁、加薪或改变工作的机会如何？
- 五年后，新进工作者可以期待在这个机构中扮演什么角色？

18. 工作中典型的一天
- 请叙述在你工作中的典型的一天。
- 下班后，你可以不带工作回家吗？请说明原因。

19. 相关的职业
- 和这个职业密切相关的其他职业是什么？
- 那些职业需要具备相同的技巧和能力吗？
- 在这个机构中有没有这些相关联的职业？

20. 大学中可修习的课程或工作经验

•对于想要进入这个职业的年轻人，你建议他们先有什么兼职或暑期工作经验吗？

•你认为学校中有哪些课程对准备进入这个职业的人特别有用？

21. 未来的展望

•你如何展望这个职业的前景？

•在这个职业或机构中工作的人数会增加，还是减少？

•在这个职业或机构中就业的安全性如何？

22. 改变

•你认为这个职业在最近数年内会发生什么变化？

•我们如何准备应对这些变化？

23. 特殊难题和关注点

•对未来考虑投入这个职业的人，你认为有哪些特殊的难题、情况或挑战必须预先觉察？

•你如何解决这些难题或面对这些挑战？

24. 其他资讯或建议

•你对准备投入这个职业或机构的年轻人还有什么建议吗？

•由于你熟知这个职业或机构，我还应该再问其他的问题吗？

25. 再次拜访

•如果将来我需要更多资讯或建议，我可以再和你联络或再来拜访你吗？

附录 11　求职渠道

资料来自 104 人力银行

一般大众最常使用的求职工具是报纸，尤其是周日版的求才分类广告琳琅满目。然而在资讯科技发达的今日，网络求职已成为热门的趋势。经由网络征才的厂商亦表示，他们借由网络征才，不仅节省了庞大的登报与宣传经费，网络自动媒合机制也提高了他们征才的效率与品质。因此，越来越多的厂商舍弃传统媒体征才，改用网络征才，已成为不可避免的趋势。

以下列出所有常见的求职渠道与优缺点供你参考，你可依个人喜好考虑采用或多管齐下。

求职渠道	说明	优点	缺点
亲友师长介绍	许多企业奖励内部员工引荐新人人门，但仍有一定程序，社会新人特别适用	1. 省时、有安全感； 2. 免除求才陷阱	需承受人情压力
学校就业辅导中心	学校张贴企业求才启事，或与企业合办求才活动和求职讲座	1. 较了解求才公司； 2. 免除求才陷阱	企业数不多，较少选择机会
就业展览会	企业联合征才活动，在开放的空间设摊位，办求才说明会供求职者选择合适的工作	即席面试，少奔波之苦	企业数、业别有限

附录 11　求职渠道

求职渠道	说明	优点	缺点
公立就业	如中国台湾“职训局”所属“国民就业辅导中心”，全省有服务机构、服务站可登记求职。“青辅会”还编印求才资料、电脑连线进企业与求职者互动	政府单位，可辅导，就业少陷阱	学历限制(“青辅会”限大专以上，“国民就业辅导中心”限高中职及以上）
报纸广告	企业常用的方法，以发行量大之便，带进多样机会的求才广告，但人事广告成本高	1. 容易取得各类资讯; 2. 各种职务需求都有	1. 求职陷阱多 2. 时效性差 3. 篇幅有限
杂志媒体	1. 杂志自行刊登需求人才 2. 专业求才刊物刊登企业求才讯息，或配合特定人群发行专刊	1. 情报化求才讯息，方便比较； 2. 附设其他就业服务	资讯量较少
有线电视	频道或系统业者在媒体上播映征才广告	多为新兴传播相关行业	1. 资讯量不多 2. 稍不注意就消失
人才中介公司	主动搜集或接受求职者登记，建立人才资料库供企业选用，或代企业甄选	求职者不用付费； 专业、有效找到工作，求职者资料永远有效存档	良莠不齐 必须慎选
电脑网络人力资源公司	在 HINET、SEEDNET、INTERNET 上有很多公共、私人求才资讯网，如 104 人力银行	1. 有系统的资料，资讯丰富； 2. 迅速有效，时效性佳	特殊性质工作不易取得

附录 12　履历表与自传格式介绍

资料来自 104 人力银行

在众多竞争者中，求职人员如何以十足的诚意将自己的“工作意愿”推销给企业，引起主管的兴趣，争取到面试的机会，履历表将是你的见面礼。履历表的格式有现成和自创两种，现成的履历表格式可至 104 人力银行下载，若你不是要通过网络找工作，建议自行设计真正符合你需要的履历表。

履历表格式

以下是一般履历表中需具备的项目，可作为求职人员选用或设计履历表的参考。

1. 基本资料栏

基本资料是个人的表征，没有这些资料，即使拥有优异的条件与丰富的经历，就像一个面貌模糊的人让人无法辨识。基本资料包括姓名、年龄、性别、籍贯、通讯住址和联络电话。

2. 工作与社团经验

求职人员大多没有正式的工作经验，但可提供在校的打工经验、社团经历等，作为企业的参考指标。最好说明与应征工作相关的经验，或者曾参与的社团、担任干部和举办活动等经验。这些经历多少可以突显个人的一些特质，如志趣、合群性、领导能力、成熟度等，备受企业重视。

3. 专长

不论是与所学相关或是个人兴趣发展出来的专长，只要是与工作相关的才艺都应在履历表上列出，有助于企业评估应征者的专长与应征工作的要求是否相符，或个人专长是否有助于工作。例如，两位同样应征助理工作，会操作电脑的人比另一位不会的占优势。

4. 语言能力

在国际化的趋势下，外语能力成为一项必要的工作条件，尤其是有意投入国际化或大规模的公司的求职人员，具备良好的外语能力更是不可或缺。

5. 专业训练或特殊技能

所学不足以应付工作所需，如果曾参加校外的训练课程，特别是与应征工作相关的，也应加以记录，让企业了解个人具备相关工作能力，也给人上进的好印象。

6. 希望待遇

如果对应征职务的薪资行情做过调查，对自己的能力又有信心，不妨写下希望待遇的数字，一般以保守为宜，填写“依公司规定”或“企业与个人可接受的弹性额度”。

英文履历表格式

1.Objective（目标）

首先须了解目前想应征的职务种类、工作内容，具体写出这份工作吸引自己的地方，切忌漫无目的，答案越具体，越有夺标的可能。

2.Professional Qualities（专业技能）

针对想应征的职务，明确列出自己拥有哪些专业技能，无论是技术、知识或管理方面的能力均可。

3.Personal（个人资料）

只要写出生年月日即可，不用特别强调性别或配偶状况等。

4.Interests（兴趣或爱好）

不只写出平常的兴趣，还写出平常较注意的一些事物，字数不宜太多，一两行即可。

5.Languages & Skills（语文及其他技能）

列出拥有的执照资料，有关电脑技能须注明机型、会使用的电脑软件等。

6.Education（教育程度）

通常填写最高学历与次高学历即可。

7.Experience（工作经验）

从第一份工作开始，具体介绍曾担任的职务，附上优良的工作成绩纪录或说明更好。

中文履历表范例

姓 名			
身份证号			
籍 贯			
性 别			
婚姻状况	（ ）已婚（ ）单身		
年 龄	岁		
出生年月日	年　月　日	联络电话（ ）	
可上班日	年　月　日	移动电话（ ）	
联络地址			
电子邮件			
希望工作地点	1.	2.	3.
希望待遇			
学 历	学年度	学校名称	专业
	1. 博士 2. 硕士 3. 大学 4. 专科 5. 高中职		
工作经验	年度	公司名称	职务名称
	1 （现职） 2. 3.		
取得认证资格	1. 2. 3.		
擅长的外语	1. 2. 3.		
其他专长	1. 2. 3.		
著作或作品	1. 2. 3.		

中文自传范例

家庭和成长背景：

家中有三兄弟，本人排行第二。父亲两年前自军中退役，现在担任社区的总干事，负责处理社区内事务，母亲为家管；大哥在私人公司工作，是资讯处的经理，已婚，没有和我们同住；小弟就读于高中二年级；本人是铭传大学保险学系的应届毕业生。

求学经历及社团经验：

从小学、中学、专科到大学，本人当了多年班长，经验丰富。专科时，本人参加康辅社，专二任活动企划组长，专三任副社长。大学时虽没有参加社团，但在保险系办公室和资讯网络处担任了 4 年的义工。本人做事认真负责，有耐心，个性外向活泼，热心，乐于助人，有强烈的好奇心，喜欢学习新事物。服役期间因表现优异，荣获空军总司令部颁发的奖状。身体情况良好，定期献血超过 30 次以上。在求学过程中，本人曾多次主办三天两夜的活动，更于去年暑假举办全班五天四夜的毕业旅行，相当成功。

工作经历与技能：

2000 年，本人进入伟达企业工作，学习电脑主机的装配及维修。这份工作让我接触了许多硬件设备，对于粗浅的修护有了相当程度的了解，只可惜因为服役，中断了学习的机会。退伍后，因为要专心准备考大学，只能找计时的工作，本人进入了麦当劳，担任训练新进人员的工作，一投入就是五年多的时间，在校期间，在学校所学和自己的练习下，本人对 Office 系统的 Word、Excel、Powerpoint、Access 及 Frontpage 等应用程序使用得得心应手，中文输入不算快，一分钟约 30 字。

未来生涯规划：

因本人对保险及理财投资有着极高的兴趣，在学校选修的科目，除了保险的相关科目，还修习了：中级会计学、企业管理、财务管理、投资学、微观经济学、宏观经济学等。虽然所学甚浅，但我有一颗肯学习、肯吃苦的心，希望能有机会到贵公司服务，谢谢！

英文履历表范例

Appliation for (Job Title)

Name			
ID. No.			
Nationality			
Age			
Birth Date			
Gender		Marital Status	
Phone home		Mobil phone	
Address			
E-Mail Address			
Desired Payment			

Educational Profile:	School	Major
PhD Degree		
Master Degree		
Bachelor Degree		
High School		

Years of Working Experience				
Description of Working Experience: please specify your current job				
	From	To	Title	Company
Now				
1.				
2.				
3.				

Language Fluency (excellent / fair)		
Computer Specialty	MAC PC Workstation Min Mainframe	
Networking Specialty	UNIX NT TCP/IP SNA	
Qualification	Novell	CAN CNE MCNE CNI
	Microsoft	MCPS MCSE MCSD
	Cisco	CCIE
	SUN	JCSE
	Lotus	Notes
	Others	
Software and Computer Language Proficiency in brief		
Other Specialty in brief		

自传范例

PERSONAL DATA

My name is Gary Chen, born in Chia-yi County, Taiwan, 1971. During my Childhood, my family moved often to Tainan, Kaohsiung, Taichung, and many other places because of my father' s job. Fortunately, we lived for ten years in Kaohsiung City, so that I could finish my high school education there without interruption.

After I graduated from senior high school, my father bought an apartment in Taichung. We finally settled down.

COLLEGE TIME

I entered Tamkang University, Department of Traffic and Transportation Management, after one year in grammar school.

Though I failed to go to my favorite departments, I still had a good time in Tamkang. Its liberal atmosphere and good education in computer science helped me a great deal. I participated in several students' clubs and devoted myself to computer learning during the four years. I was so confident in computer operation that I decided to choose computer science as my future career.

GRADUATE SHOOCL TIME

In last year of my college life, I spent much time preparing for the graduateschool entrance exam. At the same time, I also studied further about MIS and computer network.

Then, I entered National Cheng-Kung University, Graduate Institute of Transportation and Communication Management Science. In the first year I was very interested in BBS and internet. Hence, I had many opportunities to learn the management of workstation and designed homepage for my department and for myself. I also taught other students to design homepage.

FUTURE CAREER

I am devoted to what I am interested in, especially to mass information, technology, etc. I can also get into the groove easily to new technique and software. Therefore, I would like to find a job related to what I learned at school. In the future, I hope to contribute my studies to the society.

附录 13　面试的准备与模拟问题

李素卿 译

前西北大学就业安置主任弗朗克·恩迪科特曾经询问 92 家公司负责招募新进员工的人员，归纳出面试者会询问应征者的 50 个共同的问题：

1. 你的长、短期目标是什么？你在何时订立了这些目标？为什么？你如何准备以完成它们？
2. 除了和你职业相关的目标，你为自己的下一个十年订立了哪些特定的目标？
3. 从现在开始的五年内，你正在做哪些事？
4. 什么是你生命中真正想要做的？
5. 你的长期生涯目标是什么？
6. 你打算怎么完成你的生涯目标？
7. 就你的事业生涯而言，你期待的重要酬赏是什么？
8. 在五年内，你期望赚得什么？
9. 你为什么选择你目前正在准备的生涯？
10. 何者对你是比较重要的：金钱或工作类型？
11. 你认为自己最大的长处和弱点是什么？

12. 你会如何描述自己？
13. 你认为某位认识你的朋友或教授会怎么描述你？
14. 何种事物能激励你发挥最大的努力？
15. 你如何运用你的大学经验来为你的职业生涯做好准备？
16. 我为什么应该雇用你？
17. 你拥有哪些你认为可以在职场上获得成功的资格条件？
18. 你如何决定或评量成功？
19. 你认为要在一家像我们这样的公司获得成功需要哪些条件？
20. 你认为你可以在哪一方面对本公司有所贡献？
21. 一位成功的经理人应该具备哪些特性？
22. 请描述一下直属上司与员工之间应存在的关系。
23. 有没有两三项使你觉得满意的成就？为什么？
24. 描述一下你最有价值的大学经历。
25. 如果你正要雇用一位毕业生担任该职位，你会期待什么样的特性？
26. 你为什么选择你的学院或大学？
27. 什么事情促使你选择你的主修领域？
28. 你最喜欢哪一个大学科目？为什么？
29. 你最不喜欢哪一个大学科目？为什么？
30. 如果可能，你会如何以崭新的方式规划你的学术研究？为什么？

31. 你可能会在大学或学院中进行怎样的改变？为什么？
32. 你有继续求学的打算吗？打算再修习更高的学位吗？
33. 你认为你的成绩是代表你的学术成就的良好指标吗？
34. 你从课外活动的参与中学到了哪些？
35. 哪一类的工作环境会让你感到最舒服？
36. 你如何在压力下工作？
37. 哪一项兼职或暑期工作是你最感兴趣的？为什么？
38. 你会如何描述毕业之后的理想工作？
39. 你为何决定在本公司找一个职位？
40. 你知道本公司哪些事情？
41. 对你的工作而言，有没有两三项事情是重要的？
42. 你是否正想在某种规模的公司中谋取职位？为什么？
43. 你使用何种标准来评量你希望工作的公司？
44. 你是否有地理上的偏好？
45. 你会迁移吗？迁移是否会对你产生困扰？
46. 你愿意旅游吗？
47. 你愿意至少花六个月的时间担任储训人员吗？
48. 你为什么认为你可能会喜欢本公司所在的社区？
49. 你碰到过什么样的重大问题？你如何应付它们？
50. 你从自己的错误中学到了哪些？

此外，自由作家琼·戴兹曾归纳主管人员用来询问领导职位的应征者的“十大职业艰难问题”：

1. 假设性问题

“假使你在工作的第一个礼拜被分派一项任务，无法如期完成，你会怎么做？”

戴兹建议，你应该回避类似世界末日的情境，它们会导致一连串永无休止的“如果……怎么办”问题的循环。不要专注于“如果你失败了，你要怎么办”，而要专注于“你要怎么做才能确保你的努力会有好的成果”。

2. 是或否的问题

“你能够马上独立进行这项工作吗？”

戴兹建议，你不应该仓促地给予肯定的答案。反之，她建议你这样回答：

“就我目前所得的资讯，事情应该会进行得很顺利。然而，如果情况改变，或是，如果我需要更多资源来处理它，我可能得向你请教。”

3. 你认为其他人会怎么想的问题

“你认为你的上司会怎样看待你离开目前的职位？”

避免成为一个能知道他人心事的人。反之，你可以回答：

“我的上司已经同意为我写一封推荐信，他显然了解我对改变的需求和我在生涯提升上的决定。如果你对我的表现有任何疑问，你可以直接向他询问。”

4. 排列问题

“对于那些和你应征相同职位的人来说，你认为他们会关切哪两三件重要的事情？”

假设你非常熟悉该职位及其他应征者，千万不要代替别人回答，只需代表你自己说话，指出不同应征者之间的意见必定有所差异。

5. 非问题的问题

“我很喜欢阅读你的资料，但我不认为你的背景符合我们的需求。”

以这种形式拒绝你的申请是一种挑战，戴兹建议，可以将它转为类似这样的问题：

“你不知道我在工作上将如何为你实现最大的效益。让我告诉你是什么让我有资格成为该职位的最佳候选人。”

6. 私底下的问题

“我想私下问你一个问题，你认为大学毕业生真是适合这项职位的最佳人才吗？”

虽然这样一个问题看起来好像为你提供了一个机会，抒发你在大学中经历的学业挫折感（如果你有），但是如果你回答了这个问题，你会遭遇两个可能的危机：一是私下谈论的秘密会有外流的渠道，二是你道人长短可能会让雇主怀疑你的忠诚。绝不要私下告诉面试者任何你不愿在公众场合分享的事情，只需专注于你的背景、经验如何让雇主获益的焦点。

7.A 或 B 取向的问题

“薪水或工作，哪个对你比较重要？”

你可以像大多数人一样回答，你希望获得一份薪水优厚且能提供专业成长机会的工作。你不须为了某项而排除另一项。你应该很有自信地表示“两者对我都很重要”。

8. 为什么的问题

“多数大学生都很类似，我为什么应该雇用你担任这项职位？”

戴兹建议，当你听到“为什么”的字眼时，你就必须站在面试者的立场为他着想。例如：

“根据我们之间的对话来判断，我推测你正在寻找一位可以自发设定目标，不畏惧艰难和挑战的人才。我就是这样的人。让我再多告诉你一些我接受过的挑战。”

9. 错误前提的问题

“我注意到你做过一连串短期工作，为什么你不能长期保有一份工作？”

如果你无法立即纠正一项前提错误的陈述，它会在面试中不断地纠缠你。你必须坚定地回答：

“由于我想让我的履历表简洁且便于阅读，对我列出的职位，我并没有叙述离职的原因。我很抱歉那使你对我的背景留下错误的印象。谢谢你提出这个问题，我才能为你提供更完整的讯息。让我完整地说明我离开每一项职位的原因和我从中学习到的东西。

10. 开放式问题

“请告诉我有关你前一份工作的状况。”

开放式的问题提供了一个宝贵的机会，可以显示出为何你是一位具有竞争力的应征者。你可以在事前备妥一份简短的陈述，包含了你如何在之前的工作中利用你的兴趣、价值和技能来完成你的任务。

如同你在共同问题的清单上看到的，就业面试涵盖了各式各样的主题，从你对工作的准备和承诺到你偏好的生活形态，均包含在内。

作为准备工作面试的一部分，我们会鼓励你读遍上述问题清单，挑选一些让你难以回答的问题和一些容易回答的问题，大声地说出你对它们的回应。把你的答案录音，或许有助于你感受呈现给别人的方式。另外，和一两位朋友坐下来，互相练习面试的过程，你会发现很有帮助。此时，一个人可以扮演雇主，另一个人在一旁观察，对你的表现提出批评。当你在练习面试时，必须记住的是，表达某件事的方式可能和它的内容一样重要。你的音调、手势、目光和姿态传递的个人讯息和你所说的一样多。

附录 14　面试时的举止、仪容与形象

资料来自 104 人力银行

一、服装仪容形象说

服装仪容可以说是判断一名求职者有无社会常识及礼仪的先决条件，它是与对方的一种无言交谈。

1. 女士整体造型

穿着套装或整齐、不易皱的衣裙最得体，忌低胸、透明、紧身或过于暴露。穿着素面连身丝袜和不露脚趾、净素光亮的鞋子。发型以清爽整洁,适合自己的脸型为宜。手指甲应修剪干净。上妆以淡妆为宜。

2. 男士整体造型

应着西服或整齐的长袖衬衫，整洁的领带。鞋须擦拭光亮，款式简单。若戴眼镜，需搭配脸型。

二、肢体语言形象说

1. 勿以动作小而不察

有些年轻女性在应试时，常会“不自觉”地咬手指、吐舌头或一直在手中玩弄小纸张，虽然表面上以为她的外貌、风度给主试者留下了良好印象，殊不知有些主管专门注意你举手投足间传达的讯息，来作为你的工作能力、稳定性、做事方法的考量。

2. 看的肢体语言

面试时，最好自始至终正视着主试者的眼睛，表示你很有信心和在乎这份工作。如果因为害羞而没有和对方目光接触，或眼神闪烁，主试者可能会误认为你是个不可靠、不稳定的人，而对你产生坏印象。

3. 坐的肢体语言

不要晃脚或踏脚，让自己看起来浮躁或心不在焉；不要双腿不断地交替，显得自己十分无聊或无心应战。坐时身体向前倾一点，可表示自己十分热衷于这份工作或向对方表示敬意。

4. 手的肢体语言

用手一直不断地推眼镜架，表示无聊。双手撑下巴，显得你满腹猜疑、自以为是。双手交叠在胸前，看起来像拒人千里之外。双手交叉在脑后，表示你毫不在乎。双手交叉放在身后，表示唯恐出错。而不停地用手拨弄领带、围巾、笔，咬指甲，表示害怕、不安。至于握手时，最好不要连握带抓，使劲地摇晃，等主试者先伸手再握手，可给对方留下良好印象。

三、措辞应对形象说

1. 可以理性，可以感性

若要真正决定一个人的工作能力与人格涵养，必须从措辞的方式和应对技巧判断。第一印象的好坏从你的谈吐“俗或不俗”开始。

2. 措辞与语汇之间

面试时，避免以直接的口吻对答，要特别充实语汇，不要老是用“美丽”“活泼”等简单又无味的形容词。与主试者说话，需衡量与主试者的距离（适量的距离为 122~366 厘米），调整音量大小，适时加入比较幽默、生动、感性的声音表情。回答主试者的话简洁、清晰、有条理，绝不仅是“是”“嗯”“喔”等简单的回应，给人留下敷衍、马虎的印象。

3. 说与不说之间

自我介绍是求职者推销自己的最好机会，你要实实在在地充分表达自己的优点、才华和能力，但不可夸大、说谎。回答问题，态度要诚恳，神采奕奕，不卑不亢，切忌急着发言，尤其面对自负的主试者，最好当个听众。不要说主管或公司的坏话，避免负面的态度与不肯定用语。遇到不会回答的问题，不妨据实以答。任何出乎意料的问题，都必须设法回答，但要观察、思考问题的陷阱。陈述时把焦点摆在你的能力上，不要提到缺点，避免使用专业术语（除非有自信）、暗语，以免自暴其短，自毁形象。

4. 问与不问之间

面试后，99% 的主试者都会问“你有没有什么问题想问”。有许多求职者想表现睿智，却怕问得不得体，可能将苦心营造的好印象毁于此刻而不敢问。有的人一时无法反应而呆若木鸡。问问题如同答题，是一门面试哲学，虽依个人的特质与职业形象，仍有其大原则。

a. 不好启口发问的问题，应试者不妨以“为慎重起见”起头，再顺势提出问题。

b. 即使心中有许多问题，面对主试者有礼的询问，最好只提出一两个问题。

c. 提出问题时，最好问一些能显示你对该公司的关心程度、专业知识及综合分析能力的问题，避免一开始就谈薪水、福利问题。

四、人格个性形象说

1. 形象尽在不言中

第一印象和先天的人格特质有关，虽然人格特质是与生俱来的，靠后天形成的因素也不少。个人要塑造良好形象，不妨提醒自己，积极培养正面的人格特质，检视自己有哪些负面的人格特质，加以改进。

2. 正面的人格特质

正直、诚实、守信、稳定、可靠……果断明快、积极进取、坚韧不拔……

3. 负面的人格特质

世故、自负、自私、骄傲、自卑……三心二意、见异思迁、冥顽不化……

参考书目

[1] Bordin,E. S. （1984）. Psychodynamic model of career choice and satisfaction. In D.Brown & L. Brooks （Eds.） ,Career Choice and Development: Applying Con–temporary Theories to Practice （chap. 5）. San Francisco: Jossey–Bass.

[2] Erikson,E. H. （1963）. Childhood and Society （2nd ed.）. New York: Norton. Harren,V. A. （1974）. A model of career decision–making for college stu–dents. Journal of Vocational Behavior, 14,119–133.

[3] Herr,E. L.,& Cramer,S. H. （1996）. Career Guidance and Counseling through the Life Span. （5th Ed.） Glenview,Illinois: Scott & Foresman.

[4] Holland，J. L. （1973）. Making Vocational Choices: A Theory of Careers. Englewood Cliffs,NJ: Prentice–Hall.

[5] Maslow,A. H. （1954）. Motivation and Personality. New York: Harper & Row.

[6] Mitchell,L. K. （1980）. The effects of training in cognitive restructuring and decision making skills on career decision making behavior, cognition, and affect.Un–published PhD Dissertation: Stanford University.

[7] Myers,I. B. （1962）. Manual: The Myers–Briggs Type Indicator. Princeton,NJ:Educa–tional Testing Service.

[8] Super,D. E. （1976）. Career Education and the Meaning of Work. Monographs on ca–reer education. Washington,DC: The Office of Career Education,U. S. Office of Education.

[9]Super,D. E. （1980）. A life-span,life-space approach to career development. Journal of Vocational Behavior. 16（30）,282–298.

[10] 王甫昌译（I984），《知人又知心》，台北：哈佛管理。

[11] 李素卿译（1997），《生涯规划》，台北：五南。

[12] 金树人（1997），《生涯咨商与辅导》，台北：东华书局。

[13] 林幸台（1987），《生计辅导的理论与实施》，台北：五南。

[14] 吴芝仪（1991），《五专五年级学生生涯决定信念、情境－特质焦虑与生涯决定行动之研究》，台湾师范大学教育心理与辅导研究所硕士论文。

[15] 罗文基、朱湘吉、陈如山（1992），《生涯规划与发展》，台北：空中大学。